KB058486

마케터로 사는 법

28년 경력 CJ 임원의 지속가능한 감각과 시선

마케터로 사는 법

이주은 지음

21세기북스

프롤로그

늦가을 어느 날 친구로부터 전화가 왔습니다. 한 해 동안 고생했으니 연말에 여행이나 가자는 내용이었습니다. 저는 바로 제주도에 숙소를 예약했습니다. 새로운 업무로 인해 어느 때보다 한 해를 바쁘고 치열하게 보낸 만큼, 여행지에서 즐겁게 연말을 마무리하고 싶었습니다. 그러나 고대했던 연말 휴가는 저의 28년 직장생활에 마침표를 찍는 졸업 여행이 되고 말았습니다.

제주도로 떠나는 길은 여느 때와는 사뭇 달랐습니다. 퇴직 통보를 받은 지 며칠이 되지 않아 짐을 싸는 내내 마음이 오락가락했습니다. 이번 여행에서는 제주를 찬찬히 즐기고 오려고 마음먹었는데, 그게 잘 되지 않았습니다. 제주에 도착하자 늘 반겨주던 제주 공항의 하르방이며 열대 야자수가 보였습니다. 하지만 마음이 복잡해 제주만의 향취를 제대로 느낄 수 없었습니다. 엎친 데 덮친 격으로 서서히 눈까지 오기 시작했습니다.

짐을 풀고 첫날 하루 쉬다가 다음 날 눈을 떠보니 발이 푹푹 잠겨 걸을 수 없을 정도로 눈이 쌓여 있었습니다. 뉴스에서는 제주 폭설에 대한 보도가 끊임없이 나오고, 비행기가 결항되었다는 이야기가 들려오고 있었습니다. 하필 숙소가 지대 높은 곳에 위치해 있어 우리는 고립되었습니다.

'아…. 뭘 해야 하지?' 창밖에 쌓인 눈만 멍하니 바라보다가 문득 몸속에서 한 덩어리의 무언가가 쏟아져 나오는 것이 느껴졌습니다.

'나는 내 이야기를 써야겠어. 그냥 이렇게 역사 속으로 사라질 순 없어!'

초등학교 때 백일장에서 장려상을 받은 것이 전부인데, 불쑥 글을 쓰고 싶다는 생각이 들었습니다. 28년의 긴 직장생활에서 체화된 내 생각과 관점, 내가 만들어낸 수많은 제품들과 숨은 이야기들을 그냥 묻어두기가 너무나 아쉬웠습니다. 그리고 저와 같은 길을 오늘도 헤매고 있을 누군가에게 생각의 단상을 나누고 싶었습니다.

저는 오랜 시간 대한민국 최고의 밥상을 만들기 위해 고민했습니다. 제 안에는 수많은 성공과 실패의 사연이 담긴 제품 개발과 마케팅에 대한 이야기가 있습니다.

마케팅이라는 직업 덕에 한국인이 가장 좋아하는 브랜드의 식품을 만들고, 업계 최고의 장인들과 일할 수 있었습니다. 밤을 새우며 고민하고 만들었던 제품들의 이야기, 치열하게 하루하루를 살아냈던 저의 이야기를, 오늘도 힘들게 도전하는 수많은 직장인들과 나누고 싶습니다. 서점 가득 있는 자기계발서나 마케팅 서적, 경제경영 서적처럼 이론적인 전문서가 아닌, 생생한 현장에서 벌어지는 마케팅 스토리를 독자들께 들려드리고 싶습니다. 저는 이 책을 통해, '하나의 제품을 어떻게 시대에 맞게 기획하고 성공시키는지'를 편한 마케팅 선배의 입장으로 독자들에게 전해드리고자 합니다.

마케팅을 하고자 하는 많은 취준생, 한 회사에서 오랫동안 버티기 쉽지 않을 뿐 아니라 언제든 퇴직해야 하는 모든 직장인들에게 소중한 마케터의 시선을 전합니다. 오늘도 내 제품과 서비스를 어떻게 소비자에게 알리고 마케팅해야 하는지 고민하는 수많은 자영업 사장님들께도 도움이 되면 좋겠습니다. 이 책에는 하나의 제품이 태어나고 소멸하는 것 뒤에 얼마나 많은 사람들의 땀과 눈물이 있는지, 캠페인 하나를 성공시키기 위해서는 얼마나 많은 시간을 고민해야 하는지가 담겨 있습니다. 제가 경험한 다양한 마케팅 에피소드들이 여러분의 삶에 작게나마 도움이 되면 좋겠습니다.

28년이라는 긴 시간 속에서 보석 같은 동료와 선후배를 만났고, 조직과 함께 도전하고 성장하는 법을 가르쳐준 CJ에도 깊은 감사의 말씀을 전합니다.

짧지 않은 시간을 옆에서 지켜봐주고 믿어준 사랑하는 가족과 오랜 친구이자 상담사인 마음의숲 심리상담연구소 박 소장님께도 감사의 말씀을 드립니다.

2022년 초여름
이 주 은

3장 상품기획자의 하루

4장 치열했던 28년의 삶

1장

마케터의 시선

01

마케터로
사는 법

저는 식품 마케터입니다. 식품 마케터는 매일이 전쟁입니다. 부자도 세 끼를 먹고, 가난한 사람도 세 끼를 먹습니다. 요즘 사람들의 식사량이 줄고 식사 빈도가 낮아진다 하더라도, 어찌 되었건 매일 먹을 먹거리들은 쏟아지기 마련입니다. 신제품을 기획하고 만들고 출시하고 알리는 일련의 활동 중심에 마케터가 있습니다.

식품 마케터는 전쟁 같은 하루를 시작합니다. 밤새 제품은 얼마나 팔렸는지, 경쟁사 신제품은 무엇이 나왔는지, 신제품 개발 사항의 진척을 점검하면서 다음 달 런칭 프로모션은 잘 준비되고 있는지, 광고는 어떻게 준비하고 있는지 의견을 듣고 미리미리 챙겨야 합니다. 마케터는 가끔씩 불 끄는 소방수의 역할도 해야 합니다. 현장에서는 클레임이 가끔씩 터집니다. '인쇄가 지워졌어요.' '맛이 기존과 다른 것 같아요.' '포장재가 불량이에요.' 등. 소비자가 품질 클레임을 걸면 온 부서를 긴급 소집하고 소방수처럼 불을 꺼야 합니다. 낮은 자세로 포복해서 제품을 세세하게 챙기다가도, 때가 되면 뒤꿈치를 들고 서서 멀리 보면서 미래를 준비해야 합니다.

마케터로 사는 것은 고된 일입니다. 주의 깊게 시장과 소비자를 관찰해야 하고, 사물의 너머를 볼 수 있어야 합니다. 어떤 현상을 바라볼 때 그 사건이, 그 일이 왜 벌어지는지에 대해 끊임없이 의문을 가져야 하는 직업입니다.

마케터로 사는 것은 '더듬이를 갖는 것'입니다. 시장과 소비자에 대해서 끊임없이 생각하고, 세상에 무슨 일이 벌어지고 있는지, 우리의 타깃은 누구이며 그들은 어떤 삶을 사는지, 신문 속에서 영화 속에서 그리고 드라마 속에서 소비자들의 삶을 관찰하면서 그들은 무엇을 먹고 무엇을 입고 무엇을 생각하는지를 끊임없이 지켜봐야 합니다. 먹는 것은 인간의 기본 욕구인 동시에 라이프 스타일을 고스란히 반영하는 바로미터입니다. 소비자가 어떠한 라이프 스타일로 사는가에 따라서 그 사람이 먹는 식품은 삶에 너무나 중요한 역할을 하기 때문입니다.

무엇을 먹으러 가는가는 그날의 옷을 결정하기도 하고, 누군가를 만날 때 중요한 만남의 장소를 결정하기도 합니다. 무엇을 먹고 사는 사람인가는 그 사람의 건강과 의식을 결정하기도 합니다. '무엇을 먹는가가 그 사람을 말한다'라는 말처럼 식품을 연구하는 것은 단순히 한 사람의 식단을 넘어서 그를 둘러싼 삶의 패턴을 연구하는 것입니다.

마케터로 사는 법은 시대와 소통하면서, 늘 변화하는 타깃인 소비자와 끊임없이 대화하면서 그들을 사랑스러운 마음으로 바라보는 것입니다. 마케터로 사는 법은 '끊임없이 질문하는 것'이기도 합니다. 호기심은 질문을 만들고 의문은 그것의 솔루션을 고민하게 합니다. 신입사원이 입사하면 저는 이런 질문을 하곤 했습니다. "누구님은 파워포인트를 잘하세요, 아니면 엑셀을 잘하세요? 누구님은 좌뇌 회전이 좋으세요, 우뇌 회전이 좋으세요?" 대체로 어리둥절한 반응을 보이며 '이분은 왜 이런 걸 물어보시지?' 하는 표정입니다.

그 질문은 처음 마케터로 일을 시작하는 데 있어서 중요한 질문입니다. 엑셀을 잘하시는 분은 정교하고 수리적인 능력이 좋으며 좌뇌 회전이 빨라서 셈이 빠릅니다. 파워포인트를 잘하시는 분은 새로운 콘셉트를 잘 만드는 창의적인 분이며 우뇌 회전이 빠르고 사물을 이미지화해서 이해하는 분입니다. 저는 새로 만나는 많은 구성원들에게 이러한 질문을 했고, 질문에 따라서 각자가 선호하는 직무와 잘할 수 있는 직무를 최대한 고민했습니다.

새로운 상품이나 기존 상품의 리뉴얼을 위해서 기존과 다른 제품 콘셉트를 발견하고 새로운 인사이트를 찾는 일은 우뇌적인 생각입니다. 잘 기획된 상품을 사업으로 발전시키고 그 사업을 매출과 수익으로 연결하는 것은 좌뇌적인 사고입니다. 마케터가 하는 것은 좌뇌와 우뇌를 고르게 활용하는 일, 엑셀과 파워포인트를 두루두루 잘 사용하는 것이라고 생각합니다.

구성원들이 가끔 저에게 물었습니다. "상무님은 왜 마케팅을 그렇게 오래 하시는 건가요?" 저는 그럴 때마다 이렇게 대답했습니다. "살면서 내가 예술가나 연예인이나 정치인이 될 게 아니라면… 회삿돈 받으며 하는 일 중에서 가장 재미있는 것은 마케팅이야."

이렇게 대답한 이유는 마케팅이 내가 생각한 것을 기획하고 그것을 구체화하고, 많은 조직의 사람들과 힘을 모아 사업화를 추진하고 이것의 성장으로 수익을 만들어내는 작업이기 때문입니다. 그리고 마케터는 내가 만든 제품을 가장 잘 표현하는 디자인과 광고의 콘셉트를 만들 수도 있고, 실행을 통해 고객의 반응을 확인할 수도 있기 때문입니다.

마케터로 살기 위해서는 '관점'이 있어야 합니다. '관점'이란,

'생각하는 힘'을 뜻합니다. 시장과 소비자에게서 벌어지는 많은 이슈들 속에서 의문을 통해 새로운 생각과 전략을 구체화하기 위해서는, 자신의 깊은 고민 뒤에 나오는 자신만의 관점, 통찰력이 필요합니다.

상사가 시키는 것을 꾸준히 하는 것, 그리고 회사가 원하는 것을 꾸준히 잘하는 것도 좋은 방법일 수 있습니다. 그러나 마케터로 사는 것은 회사 직급과 관계없이 '마케팅 전문가'로서 일하는 직업관이 필요합니다.

마케팅이란 나만의 관점, 내가 가진 생각과 철학 등을 상품으로, 서비스로, 브랜드로 구현하는 것입니다. 통찰력은 단시간에 만들어지지 않습니다. 경험의 양이 많아지고 지식의 폭이 넓어지면서 하나둘씩 확장되는 것입니다. 수많은 관찰과 도전, 시행착오를 통해서만 단단한 나의 근육을 만들 수 있습니다. 통찰력을 만들고 싶다면 어려운 프로젝트에 과감히 도전하시기 바랍니다. 그리고 실패 속에서도 배움을 선택하시면 됩니다.

마케터로 사는 데는 '집요한 추진력'이 있어야 합니다. 본인이 기획한 것, 본인이 만든 상품과 서비스를 소비자에게 인지시키며 '남들과 다른 독특함을 부여하는 기술'이 없이는 그것을 성공으로 만들 수 없습니다. 소비자는 누구인지 경쟁자는 누구인지 꾸준히 살펴보면서, 그것을 집요하게 시장의 변화에 대응해서 나만의 콘텐츠로 소비자와 소통해야 합니다. 시대에 맞는 메시지를 가지고 소비자에게 다가가야 합니다. 책상 서랍 속으로 사라지는 콘셉트와 카피, 상사에게 혼날 것 같은 아이디어여도 제시하고 설득해야 합니다. 한두 번의 실패에도 좌절하지 말고, 주변의 많은 분들이 우려해도 내가 확신이 있고 누구보다 고민했다면 성공을 향한 열망을 가지고 두 번 세 번 이야기해야 합니다. 상사를, 조직을, 같이 만들어나갈 구성원들과 동료들을 설득하고 리드하는 집요한 추진력이 있어야만 히트상품도 성공하는 사업도 가능할 것입니다.

제가 좋아하는 말 중에 "아무것도 하지 않으면 아무 일도 일어나지 않는다"라는 말이 있습니다.
가끔 일을 하다 보면 어렵거나 도전적인 것은 하지 말자고 결정하는 리더분들이 있습니다. 굳이 일을 벌려 봐야 일만 많고 피곤하기 때문입니다. 그리고 손쉽게 하지 말자는 의사결정을 합니다. 그래서 저는 후배들에게 그런 결정을 하는 사례를 보면서 "어쩌면 세상에서 제일 쉬운 결정은 하지 말자는 결정일 거야"라는 말을 했습니다. 그러나 아무것도 하지 않으면 성공도 실패도 배움도 없습니다.

TIP

- -

마케터로 사는 것은 더듬이를 가지고 세상을 보는 것, 끊임없는 질문
으로 의문을 갖고 솔루션을 찾는 것, 통찰력을 통해 자신만의 관점을
갖는 것, 집요한 추진력으로 성과를 만들어 가는 것이다.

02

"잘 먹었습니다"
비비고 광고 이야기

비비고 브랜드는 그간 소비자 인식조사를 하면 맛있고, 제품의 종류가 다양하며, 특히 만두가 유명한 브랜드로 인식되고 있었습니다. '비비고' 로고가 박힌 많은 제품이 시장에 나오는 상황에서 우리는 브랜드가 소비자와의 감성적인 교감이 커진다면 더욱 강력한 이미지를 만들거라 생각했습니다. 하나의 브랜드가 기능적인 가치를 넘어서 정서적인 가치까지 만들어 간다면 소비자에게 더욱 사랑받는 브랜드가 될 수 있기 때문입니다. 그래서 우리는 많은 부서와 아이디어 회의를 했습니다. 그 결과 비비고가 좀 더 소비자에게 감성적으로 다가가기 위한 핵심가치로 '정성'을 선택했습니다. 누군가를 위해 음식을 준비하는 것은 상대를 향한 마음의 표현이며 그 마음은 정성이기 때문입니다. 한식의 대표 브랜드인 비비고는 오랜 시간 누군가를 사랑하는 마음으로 음식을 준비해 음식을 드시는 분이 대접받는 느낌을 받는, 친근하면서 사려 깊은 브랜드가 되고 싶었습니다. 전통적이지만 현대적인 브랜드, 가장 한국적이면서도 세계적인 브랜드. 그런 맛과 철학을 구현하는 브랜드가 되는 것을 목표로 핵심가치 '정성'을 강화해 나갔습니다.

'내가 기획한 음식의 맛에 소비자는 어떻게 반응할까?' 아마 이 질문이 제가 그동안 식품 회사 마케팅을 하면서, 가장 많이 한 고민일 것입니다. 신제품이 나오기 전에는 '소비자 검증'을 필수적으로 하게 됩니다. 맛과 콘셉트에 대해 제품의 맛이 짠맛인지, 단맛인지, 신맛인지, 기본적인 관능 검사를 하고, 뒷맛은 어떻게 느껴지는지, 냄새는 좋은지, 제품 외관은 마음에 드는지 소비자 조사를 진행하는 것입니다. 그리고 세세한 튜닝을 하면서 제품의 맛을 개선하고, 가슴을 졸이며 어떤 맛이 소비자의 사랑을 받게 될지 연구합니다.

식품 마케터는 제품 하나하나를 개발하기 위해 오랜 시간 노력하고 소비가가 감동적인 혀끝의 맛을 느낄 때까지 제품에 정성을 다합니다.

예로부터 음식의 맛은 손끝에서 완성된다고 했습니다. 어머니가 서너 시간 고생하며 곰탕을 끓여주시던 모습, 사랑하는 아내가 차려준 따뜻한 된장찌개 한 상, 집으로 초대한 남자 친구가 땀을 흘리며 준비한 파스타 요리, 아이들이 엄마를 위해 고사리 손으로 만든 음식… 이런 장면에서 우리는 '정성'을 생각합니다. 그리고 음식을 통해서 표현되는 상대방의 마음을 느낍니다.

저는 수십 편의 광고를 구상하면서, 식품의 본질인 '음식이 주는 깊은 맛'을 어떻게 전달해야 할지에 대해 놓치지 않으려고 노력했습니다. 소비자들 대다수가 대한민국 식품의 대표 브랜드로 인지하는 비비고를 '어떻게 광고할 것인가? 어떻게 핵심 메시지를 전달할 것인가?'는 브랜드 그룹장을 맡은 저로서는 너무나 고민되는 부분이었습니다.

광고를 만들면서 업계에서 가장 유명하고 실력 있는 광고대행사 몇 군데를 선택했습니다. 명성이 있고 뛰어난 광고 기획사, 크리에이티브가 좋은 대행사, 인적 네트워크가 훌륭해서 시스템이 좋은 대행사 등 경쟁력 있는 광고대행사의 전문가들이 참여했습니다. 정해진 시간 안에 마쳐야 하는 숨가쁜 프리젠테이션은 각각의 대행사에서 온 전문가들이 크리에이티브를 정성을 다해서 설명하는 순간이었습니다. 각 업체는 우리가 제시한 마케팅 전략에 맞게 많은 준비를 했고, 대안까지 제시하려는 노력으로 회사당 광고 시안을 두세 개씩 보여주었기에, 우리는 적어도 10개 이상의 광고 시안을 볼 수 있었습니다.

광고를 보면서 저의 가장 중요한 질문은 '이 광고가 과연 우리 제품의 속성을 잘 표현하는 것인가? 누구나 이해할 수 있는 보편적 가치를 잘 전달하고 있는 것인가? 시대에 맞는 라이프스타일 트렌드를 잘 표현하고 있는 것인가?'라는 것이었습니다. 한참의 프리젠테이션이 끝나고 내부 팀들과 심도 있는 논의를 시작했습니다. 참여한 구성원들마다 광고안에 대한 의견이 분분했습니다.

"상무님! 저는 좀 더 트렌디한 이미지의 광고안이 좋아요."
"식품 광고는 뭐니뭐니해도 맛깔나게 먹는 씬이 있어야죠~"
"요즘 젊은 사람들은 저런 광고 안 좋아해요. 좀 세게 가시죠?"

직원들은 각양각색의 이야기를 쏟아냈습니다. 그러던 중 저는 어느 한 카피가 불쑥 마음속으로 들어왔습니다. 저의 마음을 흔들었던 단 하나의 카피는 맛있는 음식을 먹었을 때 나도 모르게 나오는 한마디……,

"잘 먹었습니다!"였습니다.

우리는 얼마나 많은 식사 자리에서 음식을 만들어준 분들께 혹은 대접해준 분들께 이 말로 인사를 하고 있을까요? "엄마 잘 먹었어요." "사장님 잘 먹었습니다." "선배, 오늘 진짜 맛있었어요. 잘 먹었어요."

마케터로 인생의 절반을 살아온 저는 식품을 만드는 사람이 가장 듣고 싶은 단 한마디, '잘 먹었습니다'를 과감하게 카피로 결정했습니다. '잘 먹었습니다'라는 그 한마디는 음식을 만드는 사람이 상대방을 생각하는 사랑스러운 마음의 표현이자, 그것을 대접받는 사람이 느끼는 행복한 순간 자체이니까요. 그 광고를 통해서 보다 많은 사람들이 비비고 제품을 사랑하고 우리 음식이 주는 깊은 정성의 가치를 느낄 수 있기를 바랐습니다.

당시에 만든 광고에는 세 가지 형태의 가정이 나옵니다.

첫 번째 광고는 나이가 지긋한 어르신 부부가 나오는 광고입니다. 할아버지가 조용히 마루를 닦으시며 할머니가 하는 투정의 말을 듣고 있습니다.

어딘가 지방에 계신, 시골에 계신 부모님이 생각나게 하는 광고. 할아버지와 할머니가 나눈 오랜 세월이 묻어 있는 투덜거림의 대화. 야속한 남편이지만 평생토록 식사 준비를 해왔을 것 같은 할머니. 무뚝뚝하지만 깊은 속정이 있는 할아버지가 내뱉듯이 하는 한마디, "여보, 잘 먹었어~"

두 번째 광고는 젊은 부부의 이야기입니다. 일상에 치여서 우는 아이를 안고 잠드는 아내와 회사에서 돌아오자마자 옷을 갈아입을 새도 없이 잠든 아내를 위해서 저녁을 준비하는 남편이 등장합니다. 힘든 맞벌이 생활, 그러나 희망을 갖고 사랑하는 아내를 위해서 남편은 된장찌개를 끓여냅니다. 그러고는 지그

시 사랑하는 아내의 눈을 보고 말없이 밥을 먹습니다. 한참 찌개를 떠먹다 말고 아내는 그윽한 눈으로 남편을 바라보면서 말합니다. "여보! 잘 먹었어." 이 한마디의 단어는 깊은 고마움과 사랑을 담고 있습니다. 음식을 매개로 상대에 대한 마음을 전달할 수 있는 우리만의 언어입니다.

세 번째 광고는 아이와 아버지의 이야기입니다. 어린아이가 방바닥에 엎드려서 정신없이 크레파스로 그림을 그릴 때, 아버지는 뒤에서 생선구이로 잘 차려진 식사를 준비합니다. 아들을 사랑스런 눈빛으로 바라보면서 아버지는 아이에게 잘 먹고 건강하게 자라 달라고 말합니다. 아이는 해맑은 미소로 답합니다. "잘 먹었습니다." 단순한 한마디 말이지만 아이가 이때처럼 사랑스러울 수 있을까요?

우리는 이러한 말 속에 상대를 향한 배려, 깊은 사랑, 고마움 등을 담고 있습니다.

"여보, 엄마, 아빠, 잘 먹었습니다."

'잘 먹었습니다'는 한국인이 가장 많이 쓰는 말 중의 하나이면서, 고맙다는 뜻을 담은 다른 말이며, 당신과의 시간이 행복했다는 것을 전하는 말입니다.

정성껏 신제품을 개발하고 마케팅하는 식품 마케터로서 가장 듣고 싶은 단어이기도 합니다.

TIP

광고는 소비자에게 브랜드의 핵심가치를 소구해야 한다. 기능적인 속성을 기반으로 하여 정서적 속성이 전달되고 강화될 때 비로소 소비자와 강한 연대감을 갖게 된다.

03

국제 영화제와
K-FOOD 콘텐츠 만들기

저는 코로나 이전까지 5년간 매해 부산국제영화제를 방문하곤 했습니다. 영화 속에서는 낯선 시간과 공간 그리고 새로운 문화를 다양하게 체험할 수 있습니다. 옛날부터 새로운 생각을 하는 사람들을 유난히 좋아했기에, 글을 쓰고 그림을 그리는 프로페셔널한 '장인'들이 좋았습니다. 남들과 다른 재능을 펼쳐 보이고 상상력을 멋지게 표현해내는 다양한 작가들의 창작물에도 늘 관심이 있었습니다. 20년 이상 한 직장을 다니고 있던 저에게 부산국제영화제는 해마다 자신에게 주는 큰 선물이었습니다. 대학생들의 새 학기 축제가 학생들을 매료시키는 것처럼, 1년에 한 번 가을마다 찾아갈 수 있는 제2의 고향이 있는 것은 저만 가지고 있는 직장생활 버티기의 비밀이었습니다.

국제영화제에서는 다양한 장르의 영화를 볼 수 있습니다. 유럽과 미국의 문화가 담긴 영화들이나 중국의 오랜 역사를 다룬 이야기들, 일본의 기괴한 호러물들…. 저는 그곳에서 영화를 보는 내내 흥분되고 새로운 세계가 열리는 것 같았습니다. 영화를 보면서도 저는 그 나라 사람들이 먹는 음식에 많은 관심을 가졌습니다. 러시아 사람들이 먹는 만두, 일본 사람들이 소박하게 담아 조용히 혼자 먹는 한 그릇의 우동, 바쁜 미국인들이 먹는 커피 한잔과 샌드위치…. 각각의 장르마다 주인공의 삶을 이루는 각종 다이나믹한 사건들과 더불어 영화에는 각양각색의 수많은 음식들이 나옵니다. 이런 장면들을 보면서 식품 마케터인 저는 늘 '어떻게 하면 저렇게 다양한 문화 속에 나의 제품과 브랜드를 녹일 수 있을까?' 하고 많은 고민을 했습니다. 사람들이 주인공을 쳐다볼 때마다 저는 그들이 먹는 음식에 눈이 갔고, '음식이 주인공이 되는 영화는 불가능한 걸까?' 하는 생각을 했습니다. 몇 년의 시간이 흘러 저는 글로벌 브랜드가 되려는 '비비고'의 브랜드 그룹장이 되었습니다. 그 이후 제가 관심을 가진 것은 한식 대표 브랜드인 비비고의 글로벌한 콘텐츠를 만드는 일이었습니다.

제가 좋아하는 봉준호 감독의 〈기생충〉, 정이삭 감독의 〈미나리〉, 세계인이 열광한 〈오징어 게임〉에 이르기까지 한국의 콘텐츠는 이제 가장 세계적인 콘텐츠가 되고 있습니다. 그런 콘텐츠를 볼 때마다 K-Food 대표 브랜드인 비비고야말로 가장 한국적이기에 세계적인 브랜드가 될 수 있다고 생각했고 저는 그것을 표현해내는 콘텐츠를 만들고 싶었습니다.

비비고 브랜드에서 글로벌 콘텐츠를 만들기 위해서는 어떻게 해야 될까? 저는 영화감독은 아니지만 한국의 콘텐츠가 세계적이 되고 있는 지금, 해야 할, 그리고 할 수 있는 수많은 아이디어를 생각했습니다. 비비고가 중점적으로 다루고 있는 정성이라는 가치, 한국적인 원재료의 깨끗함과 건강한 이미지를 다루고 싶었습니다. 한국의 맛을 만들어낸 수천 년의 장인 정신과 집요함도 좋은 소재라고 생각했습니다. 저는 그동안 수많은 영화제에서 주인공의 식탁에 보이던 엑스트라로서의 요리가 아니라 음식, 그 자체가 주인공이 되는 콘텐츠를 만들고 싶었습니다. 2021년 말에 작업한 비비고의 영상 콘텐츠는 그런 면에서 새로운 시도였습니다.

성수동 커먼그라운드 전시에서 상영된 영상작품 〈이어지다! #손끝으로〉를 통해 비비고와 쿨레인 작가가 만났습니다. 쿨레인 작가는 1세대 피규어 아티스트로서 러브콜을 많이 받는 유명 작가였습니다. 〈이어지다! #손끝으로〉 작품에는 음식을 만드는 손과 피규어를 만드는 작가의 손이 등장합니다. 쿨레인 작가의 손은 LA 레이커스 농구 선수의 피규어를 정성껏 제작하니다. 또 다른 손은 셰프의 손으로, 그는 고기, 파, 양파 등의 재료를 정성껏 손질하며 만두를 빚습니다. 영상 속에는 농구 선수 피규어의 머리카락을 한 올 한 올 정성껏 만드는 작가의 손과, 고기와 양파를 다듬고 만두피에 속을 넣어 정성껏 만두를 빚어내는 셰프의 손이 번갈아 나옵니다. 음식을 만드는 손과 피규어 작가의 손을 통해서 우리는 정성을 표현하고 싶었습니다.

저는 영상작품 제작을 기획하면서 BX(브랜드경험) 팀과 수차례 회의를 했습니다. 그러면서 작품 속 만두는 어떻게 주인공이 될 수 있을지, 작가가 만지는 피규어는 어떻게 장인 정신을 표현할 수 있을지 끊임없이 고민했습니다. 밀가루를 반죽하는 손, 만두를 빚는 장인 정신, 디테일한 만두 요리의 감각을 구현하는 것이 중요했습니다. 정성으로 빚어진 만두와 작가의 열정으로 만들어진 농구 선수 피규어는 영상 속 주인공이 되기에 충분했습니다.

새로운 시도였던 첫 작품은 소비자들의 많은 관심을 받았습니다. 비비고와 쿨레인 작가의 영상은 해마다 부산국제영화제의 티켓을 사느라 줄을 서며 기다렸던 제가 꿈꿨던 '철학을 담은 음식이 주인공이 되는 영상'이었고, 그동안 마케터로 살면서 가장 보람 있는 작품 중의 하나가 되었습니다. 쿨레인 작가와의 콜라보 작업은 한 분야의 전문가가 되기 위해서는 얼마나 자신의 일과 작품에 몰입하고 열정을 가져야 하는지를 보여주었고, 이를 통해 브랜드의 철학을 명확히 보여준 영상이었습니다.

우리는 첫 작품에 이어서 비보이팀 진조 크루와 〈스트릿 우먼 파이터〉의 크루 라치카가 등장하는 또 다른 비비고 뮤직비디오를 제작했습니다. 뮤직비디오는 만두를 만드는 장면과 농구, 그리고 댄스를 하는 장면이 같이 어우러지는 새로운 작업물이었습니다. 영상은 농구 팬들은 물론 비비고가 타깃으로 삼은 젊은 팬들의 관심을 불러일으키며 식품 콘텐츠로는 이례적으로 천만 뷰 이상을 달성하는 성과를 이뤘습니다.

비비고는 유튜브 채널을 통해서 다양한 콘텐츠들로 고객들과 소통하고 있습니다. 콘텐츠의 구성으로는 식품에서 무엇보다 중요한 정성스런 원료의 가치를 다룬 '팜투테이블', 글로벌한 예술적 감성이 드러나는 '푸드아트' 필름, 비비고 광고에서 보여준 '잘 먹었습니다'의 이야기처럼 사연을 보낸 사람에게 정성스런 밥상을 차려 주는 '정성차림 딜리버리' 등이 있습니다. 이 모든 것은 식품이 주인공이 되는 영상을 만들고 싶었던 저의 고집이었고, 또 이것을 함께 만들어준 유관 부서가 있었기에 가능했습니다.

'팜투테이블'은 하나의 음식이 완성되기 위해서 제철에 맞는 원료들을 농장에서 직접 고르는 것부터 신선한 재료가 식탁에 오르기까지의 여정을 보여줍니다. '푸드아트' 필름은 글로벌 대표 품목인 비비고 만두와 김치를 소재로 만들었습니다. 만두의 재료가 되는 두부, 고기, 야채 등이 주인공이 되어 만두가 만들어지는 과정을 담은 만두편과, 고춧가루, 배추, 액젓 등이 예술적으로 어우러져 김치가 되는 김치편이 있습니다. 특히 푸드아트로서 김장 문화를 재조명했던 김치편은 정부기관인 문화재청과의 협업 프로젝트로 더욱 의미 있었습니다.

김치 푸드아트편은 한국의 김장 문화가 우리의 자랑스러운 하나의 문화유산임을 소비자들에게 알렸고, 이러한 식문화 콘텐츠는 한국 음식의 자존심을 보여주었습니다. '푸드아트' 필름은 한국인의 열정이 무엇인지, 한식을 통해 비비고가 어떻게 세계적인 것이 될 수 있는지를 보여주는 K-Food의 대표적인 콘텐츠가 되었습니다.

저는 잘 만들어진 콘텐츠를 미국, 일본, 중국, 유럽 법인장들에게 소개하면서 보다 쉽게 세계인들이 우리의 식문화를 알 수 있도록 했습니다. 많은 해외 법인에서 호응이 있었고, 미국의 대형 마트에서는 우리의 콘텐츠가 좋아서 매장 안에서 무상으로 영상을 틀어주기도 했습니다.

영화와 드라마는 새로운 세계로 우리를 끌고 가는 마술 같은 힘이 있습니다. 그 힘은 또 하나의 상상력이 되어 우리가 새로운 콘텐츠를 만들어 낼 수 있게 도와줍니다. 저는 꾸준히 국제 영화제에서 영화를 보며 식품 콘텐츠를 고민했고, 그것은 다양한 장르의 프로페셔널들과의 협업으로 콘텐츠가 만들어질 수 있는 기반이 되었습니다.

당장은 어떠한 결과가 보이지 않더라도 꾸준하게 자신이 좋아하는 것에 몰입하고 연구하기를 바랍니다. 이제는 자신이 관심을 갖는 모든 것이 콘텐츠가 될 수 있습니다. 평소에 몰입하던 것, 남들은 모르는 나만의 이야기를 기록해간다면 자라나는 수많은 덕후들은 세계적인 콘텐츠를 만들 수 있을 것입니다.

나의 제품과 서비스가 메인이 될 수 있는 프레임을 설계해 보자. 제품 개발을 하든 사업을 하든 트렌드에 올라타야 한다. K-Culture를 어떻게 자신의 사업, 제품에 연결할지 고민해 보면 새로운 기회가 보인다.

04

LA 레이커스와
비비고의 만남

세계적 농구 선수의 유니폼 가슴팍에 쓰인 '비비고'. 그 시작
은 어떻게 된 것일까요?

어느 날 CJ 스포츠마케팅팀은 전화 한 통을 받았습니다. 스포
츠마케팅팀은 다양한 스포츠를 스폰하고 선수 육성을 통해서
기업과 브랜드의 가치와 철학을 전하고 이미지를 만들어가는
부서입니다. 5년간 PGA(미국 프로골프협회)를 통해 'THE CJ CUP'
을 개최하면서 많은 소비자들에게 스포츠를 통한 긍정적인 이
미지를 만들어왔습니다. 비비고 브랜드가 글로벌로 성장해가면
서 많은 회사들은 스포츠마케팅에 관심을 가져왔고, 특히나 미
국에서 'THE CJ CUP'을 개최하기 시작하면서 글로벌한 스포
츠 협회나 단체에서 우리의 많은 마케팅 활동을 지켜보고 있었

던 것입니다.

때마침 미국을 넘어 엄청난 팬덤을 가지고 있는 NBA(미국의 프로 농구 리그)는 그동안 LA 레이커스를 협찬하던 중국 업체 WISH와의 계약 기간이 만료됐다는 내용을 전해왔습니다. 더불어 한국의 음식을 글로벌화하려는 비비고의 노력을 지켜봐왔기에 같이 협업하자는 제안이 있었습니다.

우리에게는 '비비고 왕교자'라는 만두 제품을 한국의 압도적인 1등에서 더 나아가 세계 1등으로 만들겠다는 꿈이 있었습니다. 미국에서도 오랜 시간 제품 개발을 위해 노력하며 인프라에 투자했습니다. 현지인들에게 맞는 맛과 소비자들이 좋아하는 소재를 찾아서 끊임없이 제품을 개발하고, 공장도 미국 현지화를 통해서 대량으로 생산할 수 있는 준비를 해왔던 것입니다. 오랜 노력의 결실로 '비비고 왕교자'는 중국과 일본의 만두 업체를 하나둘 넘어서면서 마침내 미국 내 1등의 지위에 올랐습니다.

한식의 세계화라는 막연한 비전이 미국에서 구체화된 이 일은 마케터인 저에게 큰 즐거움과 자부심을 주었습니다. 더구나 NBA에서 최상의 성적을 일구어왔던 LA 레이커스가 한국의 브랜드에게 제안한 파트너십은 그 자체만으로도 흥분되는 도전이었습니다. 비비고는 LA 레이커스와의 파트너십을 통해서 미국의 대중적인 제품으로 알려질 수 있는 기회를 얻게 된 것입니다. 세계적인 농구 스타 르브론 제임스, 앤서니 데이비스 같은 화려한 선수들의 유니폼의 가슴팍에 비비고가 빛나는 날이 왔고, 비비고 브랜드 그룹장으로서 그 장면을 볼 수 있다는 건 큰 행운이었습니다. 인터넷에 각종 관련 기사가 올라오고 유튜버들의 자발적인 중계가 시작되었습니다. 스포츠마케팅팀은 행사를 준비하기 위해서 미국으로 먼저 떠났고, 저도 'THE CJ CUP' 골프 대회와 LA 레이커스의 첫 경기를 보기 위해서 출장을 떠났습니다.

처음으로 NBA 경기를 참관한 날은 날씨가 화창했습니다. 홈 경기장인 LA 스테이플스 센터로 들어가는 길에는 노란 유니폼을 입은 농구팬들이 길게 줄을 서 있었습니다. 좋아하는 선수의 등번호가 적힌 유니폼을 입고 흥얼거리며 길에서 춤을 추는 젊은 친구들도 많이 보였습니다. 축제 같은 분위기에 저도 모르게 신나고 흥겨워지는 느낌이었습니다. 코로나 상황이긴 했지만 마스크를 쓰고 질서정연하게 입장을 했고, 농구장 안은 열기로 뜨거웠습니다.

경기장 안으로 들어가니 다양한 업체들의 광고판이 눈에 띄었습니다. 그중에서도 까만 바탕에 초록색으로 'bibigo'라고 쓰여 있는 글자를 보니 너무나 반갑고 설레었습니다. 자리에서 기다리고 있으니 선수들이 환호와 함께 하나둘 입장했습니다. 전광판에는 선수들이 입장할 때마다 해당 선수의 상세한 정보가 나오고 경기장의 열기는 더욱 뜨거워지기 시작했습니다. 경쾌한 전자오르간 소리가 나면서 농구공이 하늘로 솟아올랐습니다. 첫 경기는 눈을 뗄 수 없을 정도로 빠르게 진행되었습니다. 이쪽에서 저쪽으로, 농구대를 향해 공이 움직이고 있었습니다. 선수들이 뛸 때마다 노란 유니폼에서 보라색 '비비고' 로고가 빛나고 있었고, 그걸 바라보는 저의 마음은 쿵쾅거렸습니다. 발 빠르게 뛰어다니는 선수들이 슛을 쏠 때마다 관중석은 웅성거렸고, 마치 한 편의 영화를 보는 것처럼 박진감이 넘쳤습니다.

쉬는 시간이 되자 전광판에 '비비고 타임'이라는 글자가 떴습니다. 온라인 사이트에 응모하면 선물을 주면서 비비고를 알리는 이벤트였습니다. 2억 명이 넘는 전 세계 농구 팬들에게 '비비고'를 알리고, '한식'이 무엇인지 알린 그 순간은 마케터로서 매우 뿌듯하고 자랑스러운 순간이었습니다.

경기 이후, 미국 법인에서는 LA 레이커스 선수들에게 비비고 만두와 몇 가지 냉동 제품들을 아이스 팩에 정성껏 담아서 제공하여 한식을 경험하게 했습니다. SNS에 레이커스의 선수들과 비비고의 이미지가 노출되면서 글로벌한 관심과 댓글들이 달리기 시작했습니다. 세계적인 브랜드가 되기 위해 시도한 새로운 도전은 한국의 브랜드가 어떻게 글로벌해질 수 있는지를 보여주는 좋은 사례가 되었습니다.

한편, 국내에서는 온라인의 농구 커뮤니티를 통해서 보다 젊은 타깃층이 브랜드를 경험할 수 있는 이벤트를 진행했습니다. 각종 농구 커뮤니티에서 농구 팬들을 대상으로 NBA 경기 관람 인증 이벤트도 하고 NBA 라이브 스트리밍을 볼 수 있는 스포츠 채널 이용권 증정 프로모션도 진행했습니다. 레이커스 선수들의 미니어쳐 피규어를 성수동 커먼그라운드에 진열하는 행사에는 전국에서 많은 농구 팬들이 찾아와서 사진도 찍고 자신의 SNS에 올리기도 했습니다.

스포츠마케팅은 무엇일까요? 저는 스포츠마케팅이 격렬한 스포츠 경기에 자신의 브랜드를 노출하고, 즐거운 체험을 통해서 브랜드의 콘셉가 소비자들에게 파고들어가는 것이라고 생각합니다. 비비고 브랜드는 그간 식품 대표 브랜드로서 주로 주부를 타깃으로 하는 제품들이 많았지만, LA 레이커스와의 만남을 통해서 타깃을 보다 글로벌하고 젊게 만드는 것이 목적이었습니다. 세계적인 브랜드가 되기 위해서는 LA 레이커스의 스포츠맨십이라는 가치가, 보다 젊고 친근해지려는 비비고의 방향성과 잘 맞닿아 있고 이를 타깃층에 인지시키는 것이 중요했습니다. 스포츠를 향한 선수들의 열정은 좋은 제품을 만들기 위한 브랜드의 열정과도 참 많이 닮았습니다. 스포츠마케팅은 저에게 설레는 기억을 만들어주었고 우리가 음식과 스포츠라는 세계인의 공통 언어로 소통할 수 있다는 자신감을 만들어주었습니다.

마케팅은 다양한 협업을 통해서 브랜딩을 강화할 수 있다. 스포츠마케팅이 스포츠맨십을 통해서 브랜드의 가치를 전하는 것처럼, 다른 분야와의 협업 마케팅은 그 분야에 맞는 전문성을 통해서 브랜드의 역할을 강화할 수 있다.

05

식초인가,
미초인가

매출 카니발(cannibalization: 유사상품에 의한 자사 상품의 매출 잠식)이 생길 때 새로운 대안을 찾고 신규 수요를 만드는 것은 마케팅의 핵심 과업입니다. 레드 오션을 블루 오션으로 만들기 위해서는, 소비자의 새로운 수요를 만들기 위해 끊임없이 트렌드를 읽고 인사이트를 통한 신규 시장을 만들어야 합니다. 인접 카테고리의 확장으로 내 제품의 수요가 줄어들 때는 새로운 타깃과 용도를 만들고 개척해가는 것이 전체 시장을 늘리는 방법입니다.

마케터들 사이에서는 매출 경쟁이 치열합니다. 한 제품을 매력적으로 보이게 하기 위해서 옆의 부서에서 하는 마케팅 아이디어를 따라해 보기도 하고, 다른 부서가 기획한 멋진 프로모션이 있으면 거기서 힌트를 얻어 자기 제품에 맞는 응용된 콘셉트를 만들기도 합니다. 대형 할인점 조직에는 각자의 제품을 파는 바이어들이 있습니다. 카테고리 바이어들 간에는 자신의 매출을 확대하기 위한 매대 진열 경쟁이 있습니다. 마케터 역시 매장 안에서 자신이 맡은 제품이 하나라도 더 진열되어 소비자 눈에 잘 띄기를 바랍니다. 식품 마케터들에게는 소비자들의 매일의 끼니가 중요합니다. 하루에 세 끼를 먹는 소비자들의 한 끼, 한 끼의 시장을 장악하기 위해서 매 끼니 무한 경쟁을 하게 되는 것입니다.

제가 식초 담당 팀장이었을 때의 이야기입니다. 당시 저희 팀은 '자연 발효 식초'라는 새로운 콘셉트의 제품을 개발하여 출시했습니다. 과일 원료 그대로 발효해서 일반 식초에 없는 유기산, 미네랄들이 강화된 식초였습니다. 주정을 비롯한 인공 첨가물을 넣지 않고 100% 과일만으로 발효해서 과일 고유의 신맛을 내는 프리미엄 제품이었습니다. 기존보다는 고가의 프리미엄 제품인 만큼 일반적인 요리인 초무침이나 음식의 맛내기 용도로만 수요를 만들기에는 아쉬움이 있었습니다. 때문에 새로운 콘셉트로 차별화를 만들고, 대량의 소비자 수요를 만들기 위해서 내부적으로 많은 아이디어 회의를 진행했습니다. 저는 오랜 고민 끝에 '이렇게 좋은 제품이 요리의 재료로만 쓰이는 것보다는 제품 그대로 먹게 하면 어떨까? 그냥 마시면 너무 신맛이 나니까 올리고당을 조금 넣어서 시식을 시켜보면 어떨까?' 생각했습니다. 일반적인 음식에 들어가면 기존 제품 대비 차이점을 알기 어렵기 때문이었습니다. 일본에서도 그런 다양한 형태의 레시피 마케팅에 대한 시도를 봐왔고 우리도 제품에 자신이 있었습니다. 그래서 새롭게 출시한 자연발효 제품인 '석류식초', '백포도식초'에 올리고당을 넣어서 현장 엠디 분들이 소비자 시식을 진행하도록 했습니다.

한참 신제품 식초의 매출을 올리고 있을 때 예기치 않게 다른 부서에서 불만이 발생했습니다. 다름 아닌 '미초'를 맡고 있는 마케팅 부서였습니다. 미초가 지금은 일본 시장에서도 히트하는 메가 브랜드가 되었지만 그 당시 음용 식초인 미초 사업은 시장 성장이 더디고 경쟁이 치열해서 담당자가 한창 예민하던 시기였습니다. "미초가 이미 음료 시장에 시판되고 있는데 일반 식초 팀에서 그런 행사를 하면 어떡합니까? 경쟁도 치열해서 시장이 안 늘어가고 있는데 우리가 내부 경쟁까지 해야 하는 건가요?"

사태는 심각했습니다. 미초의 경우는 여름이 본격적으로 수요가 늘어나는 성수기이기 때문에 우리의 현장 시식 마케팅에 위협을 느낀 것입니다. 여기저기서 식초를 마시게 되면 미초의 수요가 줄어들 수 있다는 우려 때문이었습니다. 저는 '자연 발효 식초'는 프리미엄 식초라 신제품으로 새로운 시도를 하는 것이고, '미초'는 음용으로 이미 최적화된 맛이라 상대적으로 더 소비자에게 친숙해서 문제가 없다고 생각했습니다. 그러나 문제는 소비자들이 늘 새로운 것을 추구하기에 뭔가 호기심을 가지고 우리 제품을 찾기 시작했고, 마시는 형태로 시식을 하니 '자연 발효 식초'의 수요가 늘어나면서 기존 '미초'에서 매출 카니발이 조금씩 나기 시작한 것입니다. 갈등이 점점 커지자 중요한 회의에서도 상대 부서에서 문제점을 제기하기 시작했습니다.

어쩔 수 없이 다른 방법, 다른 메뉴를 생각해야 했기에 저는 다시 고민을 시작했습니다. 예민해진 다른 부서와의 갈등도 문제고, 각각의 부서가 같이 성장할 수 있는 방법을 찾는 것도 필요했습니다. 단기적으로 매출을 올리기에는 우리의 방법이 좋았지만 매해 이런 갈등이 생긴다면 심각한 문제였습니다. 각각의 사업이 성장하기 위해서 서로의 영역을 침범하지 않는 다른 아이디어를 찾는다면 전체 시장을 키우는 방식도 있을 거라 생각했습니다.

한참의 고민 끝에 나온 것이 '바나나식초'였습니다. 유리병에 바나나를 넣고 식초를 부어두면 자연스럽게 숙성이 되면서 특유의 맛이 나는데, 이것이 건강에도 좋고 다이어트에도 좋다는 기사가 터져 나오고 있었습니다. 당시에는 시판되는 바나나 식초가 없었기 때문에 집에서 소비자들이 바나나를 썰어 넣고 우리의 '자연 발효 식초'를 넣어 만들면, 보다 더 내추럴하고 건강한 이미지와 연결시킬 수 있을 거란 확신이 들었습니다.

내부 팀원들과 회의를 통해서 예쁜 병을 찾아내고, 그 안에 바나나를 썰어 넣고 식초를 부어서 직접 만들어보았습니다. 책상 위에 올려두고 시간이 지나면서 어떻게 변하는지도 살펴보았습니다. 팀원들과 같이 직접 만들고 지켜보다 보니 제품에 애착도 생기고 현장 엠디(현장 판매 인력)들에게 설명할 때 자신감이 생겼습니다. 저는 예쁜 유리병에 바나나를 넣고 자연 발효 식초를 부어 만든 샘플을 직접 만들어서 엠디들이 시식할 때마다 매대 위에 올려놓도록 했습니다. 소비자들은 매장을 지나가다가 예쁜 병에 바나나가 들어 있는 것을 보고는 발걸음을 멈추고 하나둘 물어보기 시작했습니다. "이렇게도 집에서 만들 수 있는 건가요? 식초를 넣고 과일주 담그듯이 하는 건가요? 모양도 눈에 띄고 건강해 보이네요." 한두 마디씩 주시는 소비자의 의견을 듣고 반응을 정리했습니다. 현장의 엠디들에게 교육을 통해서 상세한 제품 설명을 하면서 대응하도록 했습니다. 자연스러운 설명과 함께 권장 판매를 유도하면서 매출도 조금씩 늘어나기 시작했습니다.

이후에는 델몬트와 같은 바나나 업체와도 콜라보를 진행하며 바나나 매대 옆에서 '자연 발효 식초'를 같이 놓고 팔기도 했습니다. 바나나와 자연 발효 식초를 이용해서 바나나식초를 만드는 방법이 담긴 리플릿도 만들어서 매장에 진열하고 배포했습니다. 회사 내 '미초'와의 전쟁을 피하기 위해서 다른 방식을 찾은 것입니다. 덕분에 식초 매대는 물론 과일 매대로까지 확장되어 그곳의 새로운 수요를 만들 수 있었습니다. 트렌디한 다이어트 열풍 속에서 '바나나식초'를 집에서 만든다는 콘셉트, 매대마다 유리병에 들어 있는 '자연 발효 식초'의 새로운 노출 방식은 신선했습니다. 바나나 매대에도 진열하는 분산 진열 방식은 소비자의 관심을 끌기에 충분했고, 그해의 여름 식초 매출을 한층 더 끌어 올려주었습니다. 여름 수요를 만든다는 목표는 같았지만 '미초'와는 다른 방식의 아이디어를 통해서 새로운 경쟁 상황을 만들고 소비자를 늘려갈 수 있었습니다.

그해 여름은 무척이나 뜨거웠습니다. 자연 발효 식초는 '바나나식초'라는 새로운 레시피를 제안하고, '미초'는 음용 식초라는 '미초' 본연의 콘셉트를 더욱 공고하게 만들면서 치열한 경쟁을 했습니다. 결과적으로 이 경쟁을 통해 두 가지 제품 모두 매출이 늘어나게 되었습니다. 그 이후 '미초'는 꾸준히 음용 식초로 확장되었고 일본 시장을 공략했습니다. K-뷰티 콘셉트로 현지의 일본 업체들과는 다른 방식으로 음용 식초 시장을 키워나갔습니다. 미초 에이드, 칵테일용 등 최적화된 음용 레시피를 개발하고 바로 먹을 수 있는 스트레이트 제품도 확장했습니다. 다양한 시도를 통해서 미초 사업은 매출 1,000억 원이 넘는 메가 브랜드가 될 수 있었습니다.

새로운 수요를 만들기 위한 마케터의 노력은 끝이 없습니다. 경쟁사는 물론, 회사 내의 수많은 브랜드들 속에서도 식품 마케터들은 소비자를 위해 치열하게 도전합니다. 경쟁을 두려워하면 새로운 방법은 보이지 않습니다. 새로운 생각이 새로운 시장을 만듭니다.

경쟁 제품이 나오고 유사 카테고리의 확장으로 수요의 카니발이 생기는 것을 두려워할 필요가 없다. 새로운 눈으로 소비자를 보고 수요를 찾아라. 타깃을 확장하고 새로운 용도를 찾는다면 우리는 새로운 시장을 만들 수 있다.

06

드라마 〈사내맞선〉과
비비고

"상무님, 좋은 드리마 협찬 제안이 들어왔는데 한번 해보시
겠어요?"

'비비고' 광고를 함께한 팀장이 저에게 다가왔습니다. 몇 번
의 드라마 PPL을 제안받아 자의반 타의반 진행하던 차였습니
다. PPL은 product placement의 줄임말로 드라마나 영화 장면
에 광고할 제품을 자연스럽게 배치해서 광고 효과를 이끌어내
는 방법입니다. 개인적으로 드라마에 빠져드는 스타일은 아니
지만 PPL에는 관심이 있는 편이었습니다. 여러 차례 시행착오
도 많았고, 최근에 진행한 만두 PPL의 성과가 좋지 않아서 썩
내키지는 않았습니다. 마케터가 가지고 있는 마케팅 예산은 한
정적이라 매번 PPL을 진행할 수는 없습니다. 그러나 내가 선택

하지 않은 예능에 경쟁 제품의 PPL이 들어가서 대박을 칠 때는 후회가 밀려오기도 해서, PPL을 두고 내리는 의사결정은 저도 회사도 마음이 편할 수만은 없었습니다.

제품의 드라마 PPL 협찬을 결정하는 일은 운도 따라야 해서, 저는 늘 '새로운 드라마에 PPL이 들어가는 것은 주식을 사는 것과 같아. 이 드라마가 대박날지 아닐지 알 수가 없어'라고 생각했습니다. 검증된 드라마나 예능에 들어가는 것은 어느 정도 시청률이 담보되지만 새로운 드라마에 들어가는 건 늘 베팅하기가 불안하고 아슬아슬했습니다. 마케팅은 일 년의 예산이 정해지면 그것을 TV 광고에 쓸지, 디지털 광고에 쓸지 결정하고 그 밖의 다양한 채널에 자원을 배정합니다. 저는 적지 않은 규모의 예산을 쓰는 '비비고' 브랜드 그룹장으로서 콘텐츠와 채널을 결정하는 건 브랜드와 회사에 큰 영향을 미치는 일이라 늘 신중할 수밖에 없었습니다. 2021년만 해도 새로운 형태의 마케팅을 시도하는 분위기라 '비비고' 마케팅 비용이 여러 형태로 사용되었고, 그간에 해보지 못한 각종 온·오프라인 캠페인을 제품에 맞춰서 시즌별로 진행하고 있었습니다.

새로운 드라마 〈사내맞선〉의 PPL 제안을 받았던 건 연말이 되어가는 시점이라, 비비고의 마케팅 예산도 거의 소진했을 때였습니다. 기존에 하던 〈윤식당〉, 〈윤스테이〉 같은 검증된 예능은 PPL 성과가 좋았지만 팬덤이 없는 새로운 프로그램들에서는 별로 이렇다 할 성과가 보이지 않았습니다. 제가 한참을 주저하고 있는데 팀장이 얘기하기 시작했습니다. "이 드라마는 웹툰으로 이미 검증된 작품이에요. 남녀 주인공도 거의 결정되었고, 무엇보다 사내 연애라는 설정이 재미있잖아요." 그 순간 저도 조금씩 호기심이 생기기 시작했습니다.

식품회사의 사내 연애라는 테마는 과거에도 몇 번 있었습니다. 밝히긴 부끄럽지만 예전에도 모 방송국의 주말 드라마로 식품회사의 사내 연애를 다룬 적이 있었는데, 드라마 주인공의 실제 인물로 저의 스토리를 작가에게 한동안 전달해준 기억이 떠올랐습니다. 식품을 만드는 이야기와 남녀간의 사랑은 꽤나 친숙하면서 다양한 이야깃거리가 되는 것 같습니다. "그럼 드라마 제안서나 한번 볼까요?" 저는 반신반의 하면서 팀장에게 간단한 드라마 소개를 요청했습니다. PPL 제안으로 오는 단계에서는 대략의 드라마 아웃라인과 주인공이 누구인지 정도의 자료를 볼 수 있었습니다.

남자 주인공 안효섭은 젊은 여성들에게 인기가 많았고 여자 주인공 김세정은 넷플릭스를 통해서 꽤 팬덤이 있고 무엇보다 밝고 명랑한 캐릭터인 게 좋았습니다. 주인공을 보다 보니 나도 모르게 조금씩 호기심이 생기기 시작했습니다.

새로운 드라마에 PPL 시도를 하는 것이 주저되기도 했지만, 저에게는 '마케터는 자기 제품에 스토리를 입힐 때 가장 진정성 있고 재미있게 소비자에게 다가갈 수 있다'는 신념이 있었습니다. 그리고 과거에 이런저런 마케팅 시도를 했던 기억도 떠올랐습니다. 회사 내부적으로 아무도 시도하지 않았을 때에도 저는 최초로 웹 드라마에 제품을 협찬해서 스토리를 만들어 본 적이 있었습니다. 물론 비용 대비 효과가 떨어져서 실패를 했지만 젊은 후배들의 제안으로 시도한 것이라서 저도 호기심이 생겼고 무엇보다 새로운 제안에 리더로서 힘을 실어주고 싶었습니다. 트렌디하고 리스크가 있는 마케팅 툴을 시도할 때마다 실패해도 뭔가를 배울 수 있다고 생각하고 도전했습니다.

조금 흥미가 생기자 저는 상세 시나리오를 요청해 시나리오를 읽기 시작했습니다. 통상적인 재벌 CEO 남친과 평범한 직원인 여친의 사랑이라는 플롯, 좌충우돌 회사 안 사내 연애 스토리였습니다. 내용은 많이 본 듯한 것 같긴 한데, 배우들의 연기와 웹툰에서 보여줬던 재미 요소가 잘 살려진다면 흥행의 조짐이 보였습니다.

시나리오를 상세히 읽어보고 현재 회사 내에서 K-Food로 글로벌 도약을 추진하는 만두, 김치의 스토리를 넣어보면 좋겠다고 생각했습니다. 게다가 시나리오에는 김세정이 생선을 연구하는 연구원으로 나와서 비비고의 생선구이를 연상할 수 있으면 더욱 재미있을 것 같았습니다. 시나리오를 보고 나서 저는 바로 전화를 걸었습니다. "팀장님, 진행할게요. 넷플릭스에서도 방영 예정이라고 하니 글로벌 성공 케이스를 한번 만들면 좋겠어요. K-드라마 속의 비비고, 정말 재밌을 것 같아요."

연말이라 예산의 어려움은 있었지만 그건 어떻게든 되겠지, 하고 생각했습니다. 일단 일을 벌이고 나면 끝에 가서 어떻게든 해결이 되어 있었고, 진행하다 보면 새로운 아이디어가 떠오르기도 했기 때문입니다. 저의 오랜 경험상 늘 그렇게 문제를 풀곤 했습니다. 반대하는 아이디어일수록 책임감이 생겨서 더 잘하기도 하고, 리스크가 있는 새로운 시도는 같이 하고 싶은 사람들과 힘을 모으면 하나둘 해결책이 보이기도 했습니다. 전화를 끊고 설레는 마음으로 여러 가지 기획을 시작했습니다.

드라마 시나리오의 새로운 버전을 받은 날은 좀 더 꼼꼼히 살펴봤습니다. 주인공의 지나가는 대사 하나하나에 제품의 특징을 한 번이라도 더 말하게 하고 싶었고, 사무실 뒷배경에 보이는 제품과 디자인 시안을 보고 받았을 때는 이미지 하나하나를 찬찬히 보고 컨펌을 했습니다. '벽면에 비비고 로고가 잘 보이게 할 수 없을까? 연구원 가운이나 옷에서 로고가 보이게는 할 수 없을까?' 드라마에 많이 보일수록 좋겠지만, 너무 과하지 않게 보이는 것이 중요했습니다.

개인적으로는 전반적인 드라마의 흐름에 제품이 자연스럽게 묻어나는 PPL이 가장 좋다고 생각합니다. 스토리와 잘 맞으면서 제품의 이야기가 전체 시나리오의 콘셉트와 맞고 디자인이나 제품 노출이 자연스럽게 보이면 소비자들은 친숙해지고 제품에 호감을 갖게 됩니다. 드라마 속에 관련 직업군이 나올 때 소비자들은 주인공이 어떻게 일을 하는지 자세히 보고 그들의 일과를 통해서 해당 직업을 이해하게 됩니다. 드라마 속 회사 이름을 결정하는 일은 회의에서도 많은 시간을 들인 미팅거리였습니다.

드라마 속 GO푸드는 '비비고 bibigo'의 go를 생각해서 지어진 이름입니다. 초록색 로고와 사원증은 비비고 컬러에서 모티브를 찾았습니다. 매회 여주인공 신하리와 팀원들이 입는 하얀 실험가운 속의 초록색 사원증은 컬러가 한층 도드라져 보이면서 비비고의 느낌이 잘 살아났습니다. 우리는 캠페인 아이디어 회의도 많이 진행했습니다. 저와 여러 차례 광고 작업을 함께 했던 한 후배가 아이디어를 냈습니다. "GO푸드에 입사하듯이 우리도 소비자가 응모하면 사원증을 주는 것은 어떨까요?" 저는 좋은 아이디어라고 생각했습니다. CJ는 많은 대학생들이 오고 싶어 하는 회사인데 모두를 다 입사시켜줄 수는 없으니, 드라마 속 GO푸드에 가상으로 입사시켜보는 것도 즐거울 거라 생각했습니다. 취준생들이 부러워하는 것 중의 하나가 대기업 직원들이 사원증을 목에 걸고 점심시간에 도시를 활보하는 것이라는 얘기를 들었던 것이 불현듯 떠올랐습니다. "좋은 아이디어예요. 흥미로운데요? 사내 연애가 자유로운 GO푸드에 입사하고 싶은 취준생들이 엄청 많지 않을까? 게다가 사장님이 강태무처럼 젊고 잘생겼다면." 우리의 캠페인 아이디어 회의 시간은 늘 즐거웠고 웃음이 끊이질 않았습니다.

글을 쓰고 있는 지금 〈사내맞선〉은 뜨거운 인기로 시청률 10%의 벽을 넘기며 종영했습니다. 많은 사람들이 신하리와 강태무의 사랑에 흠뻑 빠져들었고 그들의 달달한 로맨스를 보며 즐거워했습니다. 저는 드라마를 내내 '본방사수' 하면서 스토리는 물론 드라마 속 비비고 제품과 로고를 찾는 깨알 재미를 느꼈습니다. 〈사내맞선〉은 3월 초에는 넷플릭스 8개국 1위 기록으로 월드 랭킹 10위권 안에 드는 성적을 만들었고 4월에는 넷플릭스 월드와이드 5위권 안에도 들어갔습니다. 많은 K-드라마의 성공처럼 신상품 개발과 사랑이라는 이야기가 넷플릭스를 통해 국내를 넘어 글로벌 콘텐츠로도 성공한 것입니다.

마케팅에서 중요한 것은 스토리입니다. 스토리에는 힘이 있고, 소비자의 머릿속에 생각의 나무를 심어줍니다. 마케터가 제품의 특징을 직접 말하기 전에 소비자에게 이야기를 만들어준다면, 즉 이야기를 통해서 제품의 스토리가 남는다면 그것은 잊을 수 없는 감동이 될 것입니다.

PPL에서 중요한 것은 브랜드가 스토리와 잘 어우러진 자연스러운 노출이다. 개연성 있는 이야기 속에서 브랜드의 개성을 드러내라. 소비자는 스토리와 함께 호흡하고 스토리를 통해 고객이 된다.

07

면따라 맛따라
체험기

잘 만든 프로모션은 어떤 것일까요? 제가 2010년 면사업팀장을 하던 때입니다. 면사업팀은 '가쓰오 우동', '함흥냉면', '동치미 물냉면' 등의 냉장 면제품을 개발하고 마케팅을 하는 부서였습니다. 면 사업을 하다 보면 대한민국 국민들이 어떤 면을 좋아하는지, 어느 지역의 면에 어떤 특징이 있는지를 연구하게 됩니다.

'면따라 맛따라'는 제가 면사업팀장을 하면서 기획한 캠페인입니다. 지금 생각해보면 새롭기도 하고 재미도 있었던 캠페인이었습니다. 저는 면 요리가 전국적으로 다양하게 있다는 것에 착안해서, 각 지역에 맞는 특색 있는 면을 소비자들과 함께 먹어보는 캠페인을 기획하고 싶었습니다. 이를 위해 그간 제일제당이 연구·개발했던 면 제품들을 소개해드리고 고객과 함께 면 요리를 직접 체험하면서 면에 대한 이해도를 높여드리고 싶었습니다.

캠페인을 기획하면서 지역별로 특화된 면 요리와 그 지역에서 참가자들과 함께 방문할 만한 문화적인 명소를 찾아보았습니다. 그리고 총 6회에 걸쳐서 대한민국에서 면 요리로 유명한 지역의 맛집을 찾아가는 프로그램을 기획했습니다. 선정된 면 요리는 인천의 수박냉면, 춘천 막국수, 봉평의 메밀국수, 대전의 콩국수, 정선의 콧등치기, 안동의 건진국시 등이었습니다. 다양한 지역과 명소를 찾다 보니 잘 알려진 지역 전문 맛집도 있었고 특색이 있어서 유명해진 맛집도 있었습니다.

일단 고객 선정은 전국에서 면을 좋아하는 분들을 대상으로 했습니다. 일행을 한두 분 동반할 수 있도록 해서 어색하지 않은 당일 여행으로 만들었습니다. 면 요리를 좋아하시는 분들이 지인이나 가족과 즐거운 여행을 한다면 좋은 추억이 될 것 같았습니다. 오가는 동안 제일제당 제품에 대해 설명할 시간도 있어, 제가 마케팅하고 있는 면제품들에 대한 신뢰도 생기고 호감도 생길 거라 생각했습니다.

가까운 인천 수박냉면집을 시작으로 매주 선정된 분들과 함께 버스를 빌려서 전국 투어를 시작했습니다. 이 캠페인은 여행을 좋아하는 저의 평소 성격과도 딱 맞는 기획이었고, 일도 하면서 여행도 하는 신나는 프로그램이었습니다. 저도 캠페인을 통해 한국의 면 요리에 대해서 보다 깊이 이해하게 될 것이고, 마케터로서도 제품에 대해서 더욱 자신감을 가질 수 있는 기회가 될 것이라 생각했습니다.

예정된 토요일 아침이었습니다. 시청역 3번 출구에 '면따라 맛따라' 플래카드를 건 대형 버스가 기다리고 있었고, 참가자들이 하나둘씩 올라타기 시작했습니다. 설레기도 하고 걱정되기도 했습니다. 고객을 직접 대면해서 하는 캠페인은 상대적으로 진행해볼 기회가 많지 않았고, 고객 한 분 한 분을 신경 쓰며 돌봐야 했기 때문입니다. 하루라는 시간을 온전히 면 요리의 추억으로 만드는 일은 분명 즐거운 일이지만 그만큼 걱정을 함께 안고 가야 하는 일이기도 했습니다.

정해진 인원이 모두 차에 오르자 준비한 김밥과 음료수로 간단히 아침 식사를 대신하며 춘천의 막국수 집을 향해 떠났습니다. 가는 길에 먼저 강촌 구곡폭포에 들렀습니다. 시원한 폭포를 바라보면서 좀 있다가 점심에 먹을 시원한 막국수를 생각하니 가슴이 아리도록 시원해지는 기분이 들었습니다. 폭포로 올라가는 길에는 돌탑이 쌓여 있었습니다. 면사업이 잘되길, 오늘 하루 많은 분들이 만족하길 바라는 제 마음이 차곡차곡 쌓아올려진 돌탑과도 같아서 마음이 편해졌습니다.

드디어 남춘천역에 있는 막국수 집에 도착했습니다. 막국수 집의 벽에는 1995년 경향신문에서 소개한 맛집이라는 기사가 붙어 있었습니다. 메밀냉면을 한 젓가락 집어올리니 매콤달콤한 양념이 입맛을 돋우며 기분 좋은 시원함을 선사했습니다. 거기에 녹두전까지 같이 곁들이니 메밀국수의 깊은 맛과 더욱 잘 어울렸습니다. 국수를 먹고 난 뒤 찬 성질의 메밀을 보완하기 위해 메밀 삶은 따뜻한 국물로 마무리하니 몸이 나른해져 편안했습니다.

다음 코스는 강원도립화목원이었습니다. 넓은 야외에서 산책을 하며 둘러보니 함께 온 아이들이 좋아하는 모습이 보였습니다. 엄마 따라 같이 온 아이들은 학교도 안 간 데다 마음껏 뛰어놀며 맛있고 시원한 막국수를 먹어서인지 너무도 즐거워 보였습니다.

마지막 코스는 '춘천 막국수 축제'였습니다. 막국수 여행에서 가장 중요하면서도 많은 소비자들이 관심을 가진 프로그램이었습니다. 메밀가루로 반죽을 하고, 면을 뽑는 것도 직접 체험할 수 있는 행사였습니다. 자신이 직접 뽑은 면을 가마솥에 삶아서 만든 막국수는 그 어떤 것보다도 맛있었습니다. 그렇게 '면따라 맛따라' 체험 여행을 끝내고 집에 가는 버스에서 고객들에게 '백설 찰국수'와 '백설 햇국수' 제품을 샘플로 드려 댁에서 한번 더 면 요리를 드실 수 있게 했습니다. 또한 처음 고객 캠페인 응모를 받았던 온라인 카페에 체험 여행 후기를 남기도록 해서 가보지 못한 분들도 각각의 장소에서 어떠한 체험을 하고 무엇을 느꼈는지 서로 공유할 수 있도록 했습니다.

행사가 끝나고 카페에 들어가보니 봉평 여행에서는 메밀막국수를 먹으며 〈메밀꽃 필 무렵〉의 이효석 이야기를 듣고 느낀 생각들이 적혀 있었습니다. 효석문화제와 허브나라를 방문한 후기도 가득했습니다. 안동에서는 건진국시를 먹고, 하회마을을 방문해서 탈춤 페스티벌에 참석하고, 화천서원을 방문한 이야기로 채워져 있었습니다. 정선에서는 이름도 재미있는 콧등치기 국수를 먹고, 아라리촌을 방문한 이야기들이 올라왔습니다. 그 밖에도 산속 약초여행, 양떼 목장 체험 등을 통해서 맛과 경치를 느낄 수 있어서 즐거웠다는 후기들이 보였습니다. 각각의 지역과 테마마다 그룹별로 만들어진 후기들은 면 요리로 유명한 지역의 명소를 탐방하고 지역의 역사를 공부하면서 알게 된 면과 관련된 추억들로 가득 채워져 있었습니다.

캠페인을 무사히 잘 마치고 저는 생각했습니다. '단순히 우리 제품만 자랑하는 캠페인이었다면 어땠을까? 일반적으로 하는

경품행사만 하고 끝냈다면 소비자에게는 어떠한 경험과 추억이 만들어졌을까?'

성공하는 캠페인이란 소비자에게 새로운 경험을 선사하면서 그 카테고리의 본질을 이야기하고, 그 속에서 제품이 추구하는 철학을 자연스럽게 스며들게 하는 것이라고 저는 생각합니다. 캠페인이 끝나고 많은 분들로부터 감사 인사를 받았습니다. 소비자들은 본인의 블로그에 처음 출발부터 하루의 일정을 고스란히 적고 맺음말을 남겼습니다. "면따라~ 맛따라~ 맛있는 면 여행 덕분에 너무 즐거운 여행을 하고 왔습니다. 이날 우리와 같이 동행한 스태프분들과 CJ 관계자 분들 너무너무 고생 많으셨고요~ 또 너무너무 감사했었다고 전하고 싶네요~"

저는 모든 여행지를 함께하진 못했지만 카페의 글 하나하나마다 사진을 함께 정성껏 올려놓은 것을 보고 진한 감사의 마음이 들었습니다. 여러 참석자들이 개인 블로그에도 하루의 일과를 상세히 적고, CJ 면에 대한 특장점과 감사 인사말까지 적어놓은 글귀를 보니 마음이 뭉클해졌습니다. 하나둘 충성 고객이 되고 있다는 확신이 들었습니다.

사람들은 좋은 사람과 기분 좋은 장소에서 음식을 먹고 얘기할 때, 그 제품을 사랑하게 됩니다. 단순히 맛을 느끼는 것을 넘어서 그 공간에서 느낀 생각과 교감 때문입니다.

나의 제품을 남들과 다르게 인식시키고 구매할 수 있도록 만드는 것은 소비자에게 제품을 기획한 마케터의 마음을 전달하는 일입니다. 잘 만든 캠페인은 제품의 콘셉트와 좋은 경험을 함께 제공할 수 있습니다. 제품의 단순한 정보와 특징을 전달하는 것만으로는 고객을 충성 고객으로 만들 수 없습니다. 고객과 함께 스토리를 만들고 전달하고 공유할 때, 그 캠페인은 힘이 커집니다.

캠페인은 소비자와 공감하고 체험할 때 강력해진다. 소비자의 경험을 사라. 제품을 팔지 말고 경험을 팔자.

08

죽 시장에 던진
도전장

사람들은 죽에 대해 자신만의 다정다감한 추억을 가지고 있습니다. 어릴 적 어디가 아프면 엄마가 불 앞에서 정성껏 죽을 끓여주시곤 했습니다. 정성 어린 죽을 먹을 때는 아픈 와중에도 엄마의 사랑을 받고 있다는 묘한 안도감을 느낄 수 있었습니다. 엄마가 끓여주신 죽은 늘 위안을 주었고 다시 힘을 내서 툴툴 털고 일어서게 해주었습니다. 이렇듯 음식의 맛은, 만드는 사람의 정성과 사랑으로 결정되기도 합니다.

어려서부터 추억이 많았던 죽 제품을 오랜 기간 지켜보던 저는 마케터로서 도전하고 싶은 꿈이 생겼습니다. 수십 년간 우리가 마트에서 사 먹던 죽은 늘 비슷한 원료를 사용하고 있었고,

대다수가 비슷한 편의형 용기에 담겨 있었습니다. 그리고 먹을 때마다, 인스턴트 맛이 나면서 내용물이 다소 부족하다는 점을 느꼈습니다.

익숙하지만 뭔가 부족하다는 생각은 어떻게 하면 좀 더 다른 품질로 구현할 수 있을까라는 고민으로 이어졌습니다. 오랜 회의 끝에 엄마가 끓여주신 것 같은 정성스러움이 드러나려면 각각의 재료와 쌀알의 식감이 살아나야 하는데, 이를 어떻게 제품으로 구현할 수 있을지 연구하기로 했습니다.

당시 저는 일본으로 출장 갈 일이 있었습니다. 식품을 연구하는 오랜 기간 노령화 인구가 많은 나라, 초고령 사회로 접어든 일본의 식문화 트렌드를 지켜보고 있었습니다. 일본은 길에서 노인을 보는 것이 익숙한 나라, 건강 지향적인 식품이 발전한 나라입니다. 해마다 일본 출장을 다니면서 우리도 언젠가 고령화 시대가 될 텐데 다가올 시장은 어떤 제품들로 준비해야 할지 고민했습니다.

일본의 죽 시장은 다양한 재료의 제품들로 구성되어 있었고, 패키지의 형태도 세분화되어 다양한 소비자에 맞게 진화되어 있었습니다. 흰쌀의 식감을 그대로 살리면서 겹겹이 찢어진 닭고기가 원형 그대로 들어 있거나, 흰쌀 속에 도미 생선살이 들어 있거나, 일본 사람들이 좋아하는 매실이 들어 있기도 했습니다. 국내에서는 볼 수 없는 다양한 종류의 죽이었습니다.

출장에서 돌아온 저는 어린 시절 엄마가 정성껏 끓여주신 죽처럼 한국 전통의 맛과 모양을 살린 죽을 만들고 싶었습니다. '우리도 할 수 있어. 익숙하게만 보이는 시장을 바꾸는 것이 마케터가 하는 일이야'라고 스스로 외치고 다짐했습니다. 연구소에 문의한 결과 기존 공장에서 생산하는 방식으로는 할 수 없다는 대답이 돌아왔고, 그렇다면 우리는 다른 설비와 공정으로 도전해보자고 생각했습니다. 우리만의 독자적인 설비투자를 통해서 새로운 시장을 만들고 싶었습니다.

그러나 신규라인 투자를 하자는 저의 주장에 내부의 반대가 많았습니다. "아니 이주은 님, 지금 시장에 들어가면 우리는 3위 업체가 됩니다. 쟁쟁한 경쟁사가 두 업체나 있어요. 30년이나 된 죽 시장이 얼마나 커지겠어요? 죽은 아픈 사람들이나 먹는 거죠. 시장성이 더 커질 수 있겠어요?" 과거 '햇반 죽' 사업에서 철수했던 경험이 있는 경영진들은 저의 도전을 선뜻 승낙하기 어려워했습니다. 저의 도전적인 설득 작업은 무척이나 지난하게 이어졌습니다.

당시는 HMR(home meal replacement, 가정간편식)의 식품트렌드가 확실하게 자리 잡아가는 상황이었고, '비비고 육개장'의 성공으로 제일제당의 가정간편식 시장 경쟁력은 더욱 커지고 있었습니다. 저는 새로운 카테고리의 혁신이 미래의 먹거리라고 생각했습니다. 또한 당시 프랜차이즈 죽 시장도 빠르게 성장하면서 일반 소비자의 경험율도 높아지고 있었습니다. 그렇기 때문에 죽 시장에 도전하는 것은 시장과 소비자가 맞아떨어진다는 확신이 생겼습니다. 또한 햇반 연구를 오랫동안 해왔던 연구소의 쌀에 대한 기술력을 믿었고 그런 자신감이면 충분히 가능한 사업이라고 생각했습니다.

저는 연구소와 한마음으로 시제품을 만들기 시작했습니다. '사람들이 불가능하다고 생각한다면 제품으로 보여드리자. 실물이 있으면 가능성을 알게 되시겠지' 하고 스스로 다짐하면서 연구원과 여러 제품을 만들었습니다. 연구원은 새로움에 도전하려는 저와 뜻이 맞았고 저희는 적극적으로 제품 개발을 진행했습니다. 여러 차례 시행착오는 있었지만 몇 번의 시식으로 내부 검증을 거친 후 우리는 경영진 시식 보고를 진행했습니다.

다양한 시제품을 보신 경영진들은 조금씩 마음의 문을 열어주셨습니다. 몇 차례의 설득 이후, 마침내 대표님께서 결정을 내려주셨습니다. 그래서 탄생한 것이 '비비고 죽'입니다. 평소에도 도전적이고 혁신적인 생각을 갖고 계시던 대표님은 제품을 보시더니 '한번 해보자'고 말씀하셨습니다. 자신감과 용기를 주신 대표님 덕분에 우리는 보다 즐겁게 제품 개발에 몰입했습니다.

그렇게 탄생한 '비비고 죽'은 어려서부터 어머니가 만들어주신 죽처럼 재료의 식감이 그대로 살아 있고 삼계, 소고기, 야채까지 원료 본연의 맛을 그대로 구현한 죽입니다. 저의 생각을 믿고 지지해준 연구원들과 공장의 기술팀, 생산팀의 도전이 없었으면 이렇게 혁신적인 제품 출시는 불가능했을 것입니다.

제품을 만들고 나서는 본격적인 경쟁이 시작되었습니다. '30년간 부동의 1위를 하고 있는 경쟁사를 이기기 위해서 어떤 마케팅을 해야 할까.' 하는 생각에 잠도 못 이루고 고민했습니다. 저는 제품의 본질적인 차이를 소비자에게 보다 적극적으로 설명하기 위해서 광고를 진행했습니다. 비비고 모델 박서준은 광고 속에서 제품의 핵심 콘셉트인 '비비고 죽은 쌀알이 살아 있다'는 점을 말합니다. 일반적인 죽은 쌀알이 풀처럼 풀어져 있지만 비비고 죽은 쌀알의 식감이 살아 있다는 점을 강조 했습니다. 죽 재료 본연의 식감이 살아 있어서 깊은 맛을 낼 수 있다는 것, 파우치로 만들고 중량도 420그램으로 충실한 한끼라는 특징을 소비자에게 보여주었습니다.

제품 출시 후 마케팅에서는 새롭게 혁신된 제품을 소비자들에게 적극적으로 알렸습니다. 현장에서도 영업사원들은 적극적으로 매대 진열 작업을 도모하며 매출을 올리기 위해 헌신적으로 노력했습니다. 또한 매장 엠디(현장 판매인력)분들의 충실한 제품 소개를 통해서 소비자들은 경쟁사와의 차이를 조금씩 인지하게 되었습니다.

마침내 '비비고 죽'은 출시 첫해 500억 원이 넘는 높은 수준의 매출을 달성하게 되었습니다. 제일제당 신제품의 단일 매출로는 단기간 최대의 성과였습니다. 견고할 것만 같은 시장에도 균열이 일어나고 출시 2년 차에는 시장점유율 1위라는 쾌거의 순간을 만들기도 했습니다.

모든 사람들이 오랜 시간 당연하게 먹었던 죽이라는 기존 상품에서 새로운 관점으로 콘셉트를 찾아내 제품으로 구현하는 것은 마케팅에서 가장 중요한 차별화 전략입니다. 소비자에게 익숙한 인식의 프레임을 깨고 새로운 콘셉트를 적극적으로 커뮤니케이션 해서 소비자의 구매행동 변화를 만드는 것은 마케팅 실행력입니다. 30년간 난공불락의 시장을 변화시킨 비비고 죽의 사례는 '후발주자의 1등 만들기'라는 모든 마케터의 꿈을 이룬 대표적인 사례입니다.

기존과 다른 방식의 성공을 만들어야 한다. 소비자의 니즈에 집중하고 새로운 방식에 도전하자. 몰입과 실행을 통해서만이 결과를 만들 수 있다. 꾸준히 불가능에 도전하면 30년 된 시장도 한순간에 흔들릴 수 있다.

09

손호준은 안 되고
박보검은 된다?

'컵반'은 1인 식사의 트렌드를 선도하며 혼밥의 대명사로 자리 잡았습니다. 컵 안에 들어 있는 밥과 국물, 또는 밥과 소스를 비벼 먹는 컵반은 2015년에 출시되었습니다. 대학을 가면서 성인이 된 자녀들이 하나둘 집을 떠나 서서히 독립하면, 엄마들은 갑작스럽게 독립하는 자녀들에 대한 밥걱정이 커지게 됩니다. 엄마가 없어도 가장 손쉽게 먹을 수 있는 메뉴, 생일이면 생각나는 메뉴로 컵반의 첫 번째 출시 제품은 '미역국밥'이었습니다. 컵 안에 미역국 건더기와 밑국물, 밥이 같이 들어 있어서 밑국물을 뜯어서 물을 붓고 밥과 건더기를 넣어 전자레인지에 돌리면 엄마가 해준 것 같은 미역국밥이 되는 제품이었습니다.

미역국밥을 출시할 때, 첫 번째 광고 전략으로 배우 손호준을 모델로 선정했습니다. 당시 손호준은 tvN 드라마 〈응답하라 1994〉를 통해 인지도를 높이고 있었습니다. 극중 지방에서 올라온 건실한 청년 손호준은 사투리를 쓰는 친근하고 호감 가는 캐릭터였습니다. 성격도 좋고 친구들과 잘 어울리며 식성도 좋아 보여서 간편 편의식을 잘 먹을 것 같은 모델로 적합했습니다.

컵반이 출시되며 만든 첫 번째 광고는 손호준이 등장하며 시작됩니다. 광고의 중심 콘셉트는 '마음이 놓이다'였습니다. 아들인 손호준이 '컵반'을 맛있게 먹고 있을 때, 멀리서 "그렇게 맛있어?" 하는 엄마의 즐거우면서도 안도하는 목소리가 들려옵니다. 이어서 '마음이 놓이다, 햇반이 놓이다'라는 메시지가 나오며 광고가 마무리됩니다. '컵반' 광고는 이렇게 독립한 자녀의 끼니를 걱정하는 엄마들을 안심시켜주는 이야기로 출발했습니다.

초기에는 반응이 좋았습니다. 새로운 제품에 대한 기대감도 있었고 소비자들도 혁신적인 제품으로 인식하는 것처럼 보였습니다. 그러나 일정 수준이 되고 나서부터 매출이 주춤했습니다.

내부에서는 많은 회의를 진행하며 "햇반이 들어 있는 간편한 식사 제품이라 당연히 잘 팔릴 것 같은데 왜 매출이 늘어나지 않지?" "컵라면은 잘 팔리는데 왜 컵반은 판매가 그만큼 늘어나지 않을까?" "메뉴도 한국 사람들이 제일 좋아하는 미역국인데." 같은 대화를 주고받았습니다. 당시 인기 있는 유튜버 대도서관을 최초로 모델로 발탁해 영상도 만들어보고, 대학가는 물론 중고생이 많은 편의점에도 대대적인 홍보를 진행했습니다. 그러나 수요가 폭발적으로 늘기에는 한계가 있었습니다.

그리고 몇 년이 지나서 새로운 광고를 준비하게 되었습니다. 젊은 소비자들에게 인기 있는 박보검을 2차 모델로 선정했습니다. 햇반팀장이었던 저는 4개의 광고대행사를 선정해 커뮤니케이션 전략부터 다시 한번 제안을 받았고, 다양한 크리에이티브를 심사했습니다. 당시 광고업체의 치열한 광고 비딩을 진행하면서 스스로도 어떻게 제품과 광고를, 그리고 메시지를 혁신할지 고민이 깊었습니다. '분명 새로운 시장을 만들 수 있는 제품인데 소비자의 마음에 파고드는 광고를 만들려면 무엇을 해야 하는 걸까?' 하는 생각에 잠까지 설치며 고민했습니다.

오랜 시간 경쟁 프리젠테이션을 하는 가운데 한 업체의 전략과 광고 콘셉트가 마음 깊숙이 들어왔습니다. 그 업체의 제안 콘셉트는 '가정식 전문 1인 식당'이었습니다. 컵반은 식사이지만 그것 하나로 1인 가족의 식당이 될 수 있다는 내용이었습니다. 카피가 제법 신선하고 마음에 콕 박히는 무엇이 있었습니다. 제품을 설명하면서도 최근 혼밥 트렌드에 걸맞은 메시지를 통해 소비자에게 새롭게 다가가는 전략이었습니다. 참신하다는 생각이 들었습니다. 전략을 수정하고 새롭게 광고를 제작하기 시작했습니다.

박보검이 컵반을 직접 전자레인지에 돌리며 기다립니다. 완성된 컵반을 꺼내 즐거운 얼굴로 행복한 식사를 합니다. 광고 말미에 박보검이 "월, 화, 수, 목, 금, 토, 일 식사하세요!" 하고 외치면, 다양한 컵반 메뉴들이 종류별로 나오며 가정식 전문 1인 식당 콘셉트를 드러내며 끝납니다.

박보검이 출연한 광고는 손호준이 출연한 광고와는 달리 혼자 사는 멋진 싱글남의 이미지를 강조했습니다. 광고가 나가자 얼마 후 대박이 터졌고, 지지부진했던 매출에도 변화가 생기기 시작했습니다. 그러더니 결국 불가능할 것만 같던 월 매출 50억 원을 돌파하는 기록을 세웠습니다.

광고 하나 바꾼 것뿐인데 왜 매출이 급상승했을까? 그것은 손호준 때문도 박보검 때문도 아니었습니다. 그것은 전략의 문제였습니다. 타깃 소비자인 대학생들은 부모님의 간섭이 싫어서 독립했는데, 미역국을 먹으니 엄마가 좋아하는 콘셉트의 광고가 부담스러웠던 것입니다. 칭찬인지 잔소리인지 모를 엄마의 육성은 당당한 1인 가구가 되고 싶은 타깃 소비자 층의 마음을 사로잡지 못했습니다. 박보검의 광고는 인지도의 영향도 있었지만, 독립한 싱글의 멋진 라이프 스타일을 보여주었기 때문에 성공할 수 있었습니다. 자신의 삶을 주도적으로 사는 트렌드 리더, 깔끔하고 아늑한 집에서 혼자 컵밥을 차려 먹는 박보검은 젊은층의 워너비로 비춰졌습니다. 광고 속 카피로 나왔던 '가정식 전문 1인 식당'은 지금은 우리가 흔히 말하는 혼밥, 1인 가구라는 단어와 자연스럽게 연결되는 카피였습니다.

광고 속 박보검이 얘기하는 '월, 화, 수, 목, 금, 토, 일 식사하세요'라는 멘트는 현장에서 저와 광고팀 직원이 만들어낸 카피입니다. 박보검의 언어로 '좋은 제품이니 매일매일 드세요'라는 메시지를 전달하고 싶었습니다. 그리고 컵반이 출시 초기보다 제품 라인업이 늘어났으니 다양하게 골라 먹으라는 전략을 담은 것입니다. 컵반이 1인 가구의 식사 필수품이 된다는 전략을 소비자 언어로 풀어냈기 때문에 수요의 확장을 만들 수 있었습니다. 지금은 흔하게 사용하는 혼밥의 트렌드를 가장 먼저 만든 제품 중의 하나가 컵반이었던 것입니다.

손호준은 안 되고 박보검은 되는 것이 아니라 전략적 방향의 전환이 성공의 비결이었습니다. 마케팅과 광고는 우리가 말하고 싶은 것이 아니라 소비자가 듣고 싶은 이야기를 해야 합니다. 소비자가 공감할 수 있는 소통이 될 때 제품은 확대되고 수요가 만들어집니다. 그래서 박보검의 햇반 컵반은 타깃층의 사랑을 받을 수 있었고, 그들이 먹고 싶은 제품이 되어서 대형 히트상품의 반열에 오를 수 있게 되었습니다.

TIP

제품의 마케팅 메시지는 판매자가 말하고 싶은 것이 아니라 소비자가 듣고 싶은 것으로 구성돼야 한다. 소비자는 그들이 듣고 싶은 것을 들었을 때 비로소 움직인다.

10

브랜드는
왜 스토리가 필요한가

브랜드는 스토리가 있을 때 소비자가 친근하게 다가올 수 있으며, 이를 통해 소비자와의 관계가 형성됩니다.

저는 제일제당의 핵심적인 브랜드 백설, 햇반, 비비고의 브랜드 매니저였습니다. 세상에는 너무나 많은 먹거리가 있습니다. 그 수많은 제품 속에서 살아남으려면 개성 있는 이름을 짓고, 그 이름이 소비자에게 불려야 합니다. 소비자에게 이름이 인식된 제품은 한 번 더 생각나고 먹고 싶어집니다. 이것이 많은 기업들이 비용을 들여서 브랜딩에 자원을 투자하는 이유입니다. 기업은 한 번이라도 더 소비자에게 인식될 수 있도록 브랜딩하는 것입니다.

백설 브랜드에는 역사가 있습니다. 백설은 60년이 넘은 브랜드로, 오랜 기간 마케팅을 통해 소비자에게 익숙한 이름이 되기 위해 노력했습니다. 백설은 제가 어릴 때부터 많은 사람들의 부엌 어딘가에 있어왔고 오랜 기간 어머니들의 사랑을 받았습니다. 백설 브랜드는 긴 세월 동안 몇 차례 리뉴얼을 했습니다.

하얀 눈을 상징하는 백설은 '백설표 설탕'으로 시작했습니다. 제가 신입사원이던 시절에는 선배들이 명절 선물로 설탕을 받았다는 이야기를 들었습니다. 선배들은 그 무거운 설탕을 집에 들고 가면서도 매해 선물이 기다려지고 즐거웠다고 했습니다. 백설에는 설탕 외에도 밀가루, 식용유 등 수많은 소재형 요리 재료 제품들이 있습니다. 당시에는 집에서 주로 음식을 만들어 먹었기에 집집마다 어떠한 요리 재료를 사용하는가는 어머니의 손맛과도 직결되는 중요한 문제였습니다.

백설표 브랜드에는 백설만의 고유한, 맑고 깨끗한 이미지가 생겼고, 백설은 오랜 기간 각 가정의 주방 필수품이었습니다. 백설은 여러 차례 시대에 맞는 리뉴얼 작업을 진행했고, 제가 경험한 마지막 리뉴얼은 2011년에 시작됐습니다.

당시 백설 리뉴얼의 새로운 콘셉트는 '맛은 쌓인다'라는 것이었습니다. '백설'은 리뉴얼을 통해 과거로부터 현재까지 음식의 전통을 이어주고 백설의 하얀 눈이 쌓이듯 '맛이 쌓인다'는 콘셉트로 각 세대 간 공감의 장을 열었습니다. 브랜드 리뉴얼을 통해 백설은 전통을 가진 오랜 브랜드이지만 새로운 변화로 명품 브랜드처럼 멋지게 나이 드는 이미지를 만들었습니다. 한국의 대표 식품 브랜드로서 프라이드도 심어주었습니다. 2011년 백설은 헤리티지 브랜드로서 과거와 현재, 미래를 이어주는 브랜드가 되기 위한 광고를 만들었습니다.

광고는 이렇게 시작합니다.

"그때, 그곳, 그 맛. 그때, 그곳, 그 맛.

그때부터 지금까지 우리 집 식탁에 맛있는 눈이 내립니다.

맛은 사라지지 않는다. 맛은 쌓인다, 백설"

광고 속에서는 까까머리 남자아이들이 쭈그리고 앉아서 '백설표 설탕'으로 만든 뽑기를 먹습니다. 단정한 교복을 입은 세 명의 여학생들이 백설 도너스 가루로 만든 도넛을 먹으며 즐거워하기도 합니다. 시골집 할머니는 명절이라 백설 식용유로 전을 부치고, 손자는 한입 맛있게 베어 먹습니다. 장면이 바뀌면서 현대의 가정과 식탁이 나오며 가족들이 둘러앉아 식사를 합니다. 하늘에서는 백설과 같은 눈이 내립니다. 그때부터 지금까지 맛이 쌓이고 있다는 스토리입니다. 나이 든 세대에게는 과거 어머니가 해주시던 음식의 잔잔한 향수를 불러일으키고, 젊은 세대에게는 백설이 오랜 식품 문화 속에서 함께해왔음을 보여줍니다. 백설은 광고 속 스토리를 통해서 소비자에게 좀 더 신뢰를 주며 친근하게 다가갑니다.

　햇반 브랜드에는 혁신의 이야기가 있습니다. 햇반은 대한민국 최초의 '밥보다 맛있는 밥'입니다. 밥을 짓지 않고 전자레인지에만 돌려서 따끈한 밥을 먹을 수 있다는 건 당시 누구도 상상하지 못했습니다. 1996년 저의 옆 팀에서 햇반을 개발했었는데 만들면서도 고심했습니다. 이들은 남자 팀장들이 대다수였는데, '주부들이 밥도 안 하면 어떡하냐'며 '이제 밥도 못 얻어먹는 거냐'고 걱정들이 많았습니다. 출시 초기에는 햇반을 전자레인지에 돌린 다음 밥그릇에 옮겨 담아서 햇반 사용한 걸 비밀로 하는 엄마들도 많았습니다. 지금은 웃음이 나는 올드 스토리입니다. 기술혁신으로 소비자들이 시간을 쓰지 않고도 맛있는 밥을 편히 먹는 시대를 만든 건 지금 생각해봐도 놀라운 도전이었습니다.

　햇반 광고에는 수많은 변천이 있었습니다. 다양한 광고로 당대 최고의 모델이 나와서 햇반의 특징을 얘기해왔습니다. '당일도정'이라는 신선한 이미지를 쌀과 함께 직접적으로 어필하기도 하고 세련된 라이프 스타일을 보여주면서 누구나 '햇반'을 먹고 싶게 만드는 스토리도 있었습니다.

　제가 햇반팀장을 할 때 만든 광고는 '밥하지 않는 집'입니다.

광고는 이렇게 시작합니다.

"요즘 밥 안 해 먹고 살아요. 밥은 햇반이 더 맛있던데 뭐~" 그러면서 어느 가정이나 보편적으로 햇반이 필수품이 되고 있는 라이프 스타일을 보여줍니다. 이어서 광고 속 박보검이 "매일매일 햇반 생활"이라고 말합니다. 햇반 구매를 독려하기 위해서 처음으로 온라인 사이트를 연결해보기도 했습니다. 저는 맨밥의 수요도 꾸준히 늘었지만 잡곡밥의 수요가 커지는 트렌드를 읽고 광고 속에 잡곡밥을 자연스럽게 노출했습니다. 아내가 남편에게 잡곡밥을 권하는 장면을 보여줌으로써 보다 많은 분들에게 잡곡밥도 있다는 것을 알리고 싶었습니다. 햇반은 새로운 광고가 시작될 때마다 새로운 식문화와 라이프 스타일을 제시해왔습니다. 햇반은 이제 한국을 넘어 글로벌 '멀티 그레인'(현미, 퀴노아 등의 잡곡밥)까지 출시하며 글로벌 대형화의 속도를 높이고 있습니다.

'비비고'는 스토리를 통해서 성공한 대표적인 K-Food입니다. '비빔'을 어원으로 출발한 비비고는 비빔밥의 야채와 고기의 조화로운 어울림에 한상차림이라는 한식 문화가 곁들여지면서 만들어진 브랜드입니다. 한식 요리 속 재료의 어울림을 얘기하면서도 삶의 균형과 조화의 미덕을 나타냅니다. 한국의 잘 차려낸 밥상은 외국인들에게 낯설고 놀라운 식문화입니다. 이러한 정성스런 밥상 철학의 스토리를 담아 만든 제품이 '비비고'입니다. 이제 외국인들도 먹방에 이어 밥상이라는 단어를 알아간다고 합니다. 비비고는 영어로도 발음이 쉬워 제품의 글로벌 확장에도 유리합니다. 비비고의 로고인 검은 돌솥에서 보이는 숟가락과 젓가락의 이미지는 한식의 느낌을 잘 드러냅니다. 비비고는 전 세계의 젊고 모던한 타깃층을 대상으로 정성을 다해 만든 건강한 글로벌 식품의 이미지를 만들어가고 있습니다.

비비고는 처음에 만두로 출발했지만 한국 사람들이 자주 먹고 좋아하는 국물 요리 카테고리로 메뉴를 확장했습니다. 그중에는 식탁을 평정했던 비비고 육개장 같은 대형 제품도 있습니다. 소비자 트렌드에 맞게 비비고 김치, 비비고 죽 등으로 브랜드를 키워나갔고, 비비고 생선구이 같은 혁신적인 제품들로 제품 포트폴리오를 확장했습니다. 비비고의 제품들은 좋은 원료로 정성스럽게 만든다는 각각의 스토리를 가지고, 경쟁사와 다른 자신만의 이야기로 소비자와 소통하고 있습니다. 비비고 육개장, 김치, 죽과 같은 제품들은 광고 속 박서준 모델을 통해서 신뢰감 있게 원료의 특장점과 제품의 차별적 품질을 보여주었습니다. 비비고의 '잘 먹었습니다' 브랜드 광고는 세대별 다양한 가정의 식단을 통해 소비자와 교감하는 정성의 스토리를 보여주었습니다. 이를 통해 핵심 타깃층의 브랜드 파워는 강화되었고 비비고 제품의 특징에 대한 이해를 넘어 소비자와 정서적인 연결을 만들어갔습니다. 비비고는 많은 글로벌 콘텐츠를 만들면서 한국적인 것이 세계적인 것이 되기 위한 노력을 진행해 왔습니다.

브랜드 스토리는 어떻게 만들까요?

하나의 브랜드가 멋진 스토리를 가지고 있을 때 우리는 브랜드의 의미를 더 깊이 이해하고 빠져들게 됩니다. 햇반이 처음 나왔을 때는 '이천 쌀'이라는 콘셉트를 가지고 쌀이 좋다는 것을 강조했고, 물량이 늘어서 전국의 좋은 품종의 쌀로 확대해나가면서는 '당일도정'이라는 콘셉트로 기술적 차별화를 설명했습니다. 단순히 편하게 먹는 가공밥이라고만 했다면 우리는 이 제품을 20년 이상 사랑하기 어려웠을 것입니다. '당일도정'이라는 햇반만의 기술적 차별로 갓 지은 밥맛을 구현하고, 이것을 '밥보다 맛있는 밥'이라는 브랜드 스토리로 풀어냈기 때문에 소비자의 사랑을 받는 것이 가능했습니다.

소비자는 스토리를 통한 신뢰를 느낄 때 브랜드를 사랑하게 됩니다. 우리가 누군가의 깊은 스토리를 알게 될 때 그 사람에게 더 빠져드는 것처럼 말입니다. 브랜드는 하나의 생명체와 같습니다. 따라서 시간이 지날수록 브랜드와 브랜드의 스토리는 성장해나갑니다. 이때 마케터는 생명체를 키우듯 브랜드를 꾸준히 관리하고, 그 브랜드가 잘 자랄 수 있도록 적절한 햇볕과

물을 주며 키워나가야 합니다.

브랜드의 스토리는 인생 스토리와도 닮았습니다. 사람이 유아기에서 청년으로 그리고 성인으로 성장하듯 브랜드도 각 단계의 스토리를 통해 소비자에게 연결되고 진화합니다. 한 사람의 인생 이야기는 그 사람을 오래도록 기억하고 이해하게 만드는 자산이 됩니다. 이처럼 브랜드가 성장하면서 만들어가는 이야기는 소비자의 관심을 끌고 기억에 남게 됩니다. 브랜드 스토리가 탄탄하고 진실할 때 우리는 그 브랜드를 사랑하게 됩니다.

브랜드 스토리를 만들 때는 진정성이 있어야 합니다. 소비자 눈에 멋지고 아름답게 보이려고 허구적으로 꾸며낸 스토리는 금방 들통나는 거짓말과도 같습니다. 누군가가 진실하고 최선을 다할 때 주변 분들이 인정해주는 것처럼, 브랜드는 진심을 다해서 제품을 만들고 시대의 변화에 맞게 소비자와 소통할 때 브랜드 파워가 생기고 보다 많은 사랑을 받게 됩니다.

오랜 시간 롱런하는 셀럽들에게는 그만한 이유가 있습니다. 진실한 자신만의 이야기, 노력하는 자세와 본인만의 스타일, 시대에 맞는 콘텐츠로 소통하는 사람만이 롱런합니다. 90세를 훌쩍 넘긴 송해 선생님은 대표적으로 롱런하는 셀럽 중 한 분입니다. 그는 자기 관리를 철저하게 하면서도, 편안한 이미지로 사람들과 소통합니다. 이제는 하나의 브랜드가 되어 종로에 가면 '송해거리'가 있을 정도입니다. 이렇듯 오랜 시간 사랑받는 모습을 보면 그의 스토리에 관심이 갑니다. 그는 힘든 과거와 가족사를 겪고도 항상 무대를 사랑하고 친근한 모습으로 사람들에게 다가갑니다. 때문에 세월이 지날수록 더욱 빛을 발하는 것 같습니다. 우리가 송해 선생님과 같은 오랜 셀럽을 보고 싶어하는 것처럼, 하나의 브랜드도 오랜 역사 속에서 철학을 가지고 진화의 스토리를 써나간다면 사람들이 감동하는 백년 브랜드가 될 것입니다.

TIP

제품으로 남을 것인가, 스토리가 있는 브랜드가 될 것인가? 브랜드는 사람처럼 나이가 들고 스토리를 통해 진화해나간다. 브랜드는 스토리가 있을 때 강렬하게 기억되고 소비자와 깊은 유대감을 갖게 된다.

11

성공을 만드는
엠디의 외침

일 년에도 수십 개의 신제품을 만들어내는 제일제당에는 현장에서 물건을 직접 판매하는 엠디원이라는 조직이 있습니다. 이들은 고객들이 제품을 시식할 수 있게 매장 안에서 준비하면서 친절하게 설명하고 고객들을 한 분 한 분 정성껏 응대해내는, 현장의 판매를 책임지는 분들입니다.

현장의 엠디는 어머니이자 전쟁터의 중대장입니다. 마케터가 출시한 제품에 활력을 주고 날개를 달아주는 분입니다. 매장 안에서는 잠시도 쉬지 않고 화장실도 제때 가지 못하며 물건을 팔고, 옆집 경쟁사 엠디와는 치열한 자리싸움을 합니다. 아이를 지키는 엄마처럼 가끔은 억척스럽게 보일 때도 있지만, 모든 엄마들이 그러하듯 자식 일이면 누구와 싸워도 지지 않을 것 같은 강인함도 갖고 있습니다.

저는 회사에 다니면서 일이 힘들 때 매장을 가거나 엠디 분들에게 제품 교육 하는 것을 즐겼습니다. 그분들은 어느 조직에 계신 분들보다 가까이에서 고객을 응대하고 제품에 대한 애정이 많아서, 매너리즘에 빠지는 저에게 자극이 되었습니다. 엠디 분들에게 제품교육을 하다 보면 다시 마케팅 업무에 몰입하게 되기도 했습니다. 엠디원 조직 안에는 업무를 처음 배우는 아르바이트, 고정 엠디, 파이팅S, 명장에 이르기까지 다양하게 단계별로 역할을 하는 분들이 계셨습니다. 제품을 잘 설명하시고 오래된 노하우로 최대의 매출을 만드는 분들에게는 '명장'이라는 타이틀을 부여했습니다. 명장이 된 분들은 조직 내에서 선망의 대상이 되었고, 명장님들이 자신의 노하우를 후배들에게 가르치며 조직 내에서 지식의 선순환이 이뤄졌습니다.

명장은 짧은 시간에 되지 않습니다. 10년, 15년, 20년까지 오래도록 일을 하면서 최선을 다하고 최고의 성과를 만드는 분들이 주로 명장이 되셨습니다. 자녀들을 다 키우고 나서 새로운 직업으로 생계를 책임지는 분들도 계셨고, 일을 통해 제2의 인생을 살며 활력을 찾은 분들도 계셨습니다. 제가 만나본 많은 분들은 현장업무가 고된 만큼 몸도 힘들고 고객 대응도 힘들어하셨지만, 언제나 흥겹고 신나게 웃으면서 일을 하셨습니다.

저는 양재동 이마트에 자주 가곤 했습니다. 파이팅S(업계 최고의 역량을 보유한 엠디들로 구성된 행사 전문인력)셨던 그분은 저와 몇 번의 인사로 대화를 나누고 친해졌습니다. 가끔 장을 보러 가서 제가 지나가면 보자마자 다가와서는 "안녕하세요. 잘 지내셨어요?"라고 인사하셨습니다.

그러던 어느 날 저는 매장에서 제품의 판매 현황을 상세히 물어보았습니다. "비비고 죽은 어느 정도 팔려요?" "주말에는 몇 개나 팔리나요?" "경쟁사가 육개장 행사를 하고 있는데 소비자 반응은 어떠한가요?" "경쟁사가 최근 런칭한 신제품들은 반응이 좋은가요?"

제가 쏟아내듯 물어보자 엠디 분은 조용히 저에게 와서 "이번 주는 제가 진열하느라 무척 노력했는데, 아직도 본 매대에 못 들어가네요. 행사를 꾸준히 해야 매출이 오르지요. 요즘은 행사를 잡는 것도 너무 힘들어요. 업체들마다 경쟁이 치열하거든요. 신제품 패키지는 눈에 잘 안 띄는 것 같아요. 지난번에 광고를 하신다고 말씀해주신 것 같은데 광고가 잘 안 보이던데요. 경쟁사가 너무 싸게 팔아서 정말 걱정이에요." 하고 그동안 참았던 이야기를 쏟아놓았습니다. 마치 제가 오기만을 기다렸던 것처럼.

저는 "아, 네. 애쓰셨네요. 제가 사무실 들어가서 하나하나 챙겨볼게요." 하고 돌아서려는데 그분께서는 "잠시만요. 옆에 있는 마트에 한 번 더 가보세요. 제가 미리 연락해놓을게요. 역삼 이마트도 물건이 잘 들어가 있습니다."

순간 저는 마패를 들고 간 암행어사라도 된 느낌을 받았습니다. 엠디 분은 제가 본사에서 나온 직원이라 매장을 보고 사무실에 들어가서 관련 영업부서에 뭐라고 할까 봐 걱정이 되셨던 것입니다. 아마 좀 더 잘 된 다른 매장이라도 보여줘서 이마트는 잘하고 있다는 인상을 심어주고 싶으셨던 것 같습니다. 어쩌면 저는 많은 현장 엠디 분들에게 두려움의 대상이었을지도 모르겠습니다. 워낙에 여기저기 매장을 잘 돌아다니는 제가 나타나는 순간 이미 엠디들의 카톡방은 불이 나고 있었을지도요. 저는 매장을 좀 집요하게 보는 편이었고, 질문도 많이 했습니다. 가끔 처음 가는 매장에서는 소비자인 척 몰래 시식도 해보고, 이것저것 묻고 나서 비로소 나중에야 저의 소속과 신분을 밝히기도 했습니다.

마케터는 현장을 수시로 점검해야 합니다. 식품 마케터는 매장을 정기적으로 살펴봐야 시장 트렌드, 경쟁사 정보를 파악할 수 있습니다. 엠디들을 통해서 현장 정보를 파악하면 제품의 개선점과 소비자의 가치를 더욱 구체적으로 파악할 수 있습니다. 이를 제품 전략에 반영할 때 제품의 성공 확률은 높아집니다.

좋은 제품은 맛과 패키지도 좋아야 하지만 현장에서의 노출과 엠디 분의 친절하고 세심한 제품 설명 또한 너무나 중요합니다. 아무리 화려한 광고가 눈을 사로잡았다고 해도 할인점이나 단위슈퍼 같은 매장에서 우리 제품을 소개하는 엠디 분의 친절한 고객 대응이 없다면 다 잡은 고객도 바로 놓치는 것입니다.

현장에 답이 있습니다. 마케터는 엠디들을 살펴보는 것만으로도 시장을 알 수 있습니다. 제가 출시한 제품들을 맛깔나게 설명하는 엠디를 만나면 저도 모르게 빠져듭니다. 친절한 엠디는 고객들의 생일, 가족 관계까지 다 외우시기도 합니다. "지난주에 사 가신 제품인데 이제 다시 사 가실 때쯤 되지 않았어요?" "지난번은 크림 소스를 사신 거 같은데 이번에는 토마토 소스 사셔야죠?" "지난번에는 미역국 사 가셨는데 이번에는 육개장은 어떠세요?" 하시며 고객과 기존에 구매했던 제품을 귀신같이 기억하고는 다시 물어보시며 판매합니다.

아무리 좋은 제품도 소비자 접점에서 적극적인 엠디들의 노고가 없었다면 그냥 사라지는 제품이 되었을 겁니다. 과거 미원과 다시다의 치열한 경쟁으로 유명했던 조미료 전쟁, 그리고 풀무원 두부와 싸우던 '행복한 콩' 두부처럼 모든 경쟁사들과의 격전에는 엠디들이 있었습니다. 매장 내에서 어깨를 부딪치며 치열하게 판매하던 엠디들이 있어서 마케터들은 행복했습니다. 그분들이 있기에 우리는 매일의 밥상 속에서 좋은 제품들을 만나고 있습니다. 엄마가 자식 돌보듯이 내 제품을 돌보는 엠디들을 보면 나도 내 뒤에 엄마가 지키고 서 있는 것처럼 어깨가 으쓱해집니다. 친구들 사이에서 치열하게 말싸움을 할 때 엄마가 나타나면 왠지 이겨버린 것같이 힘이 나듯 말입니다.

현장에 답이 있습니다. 마케터는 어떠한 엠디가 팔아도 자신감을 가질 수 있는 제품을 만들어야 합니다. 가격이 비싸도 품질이 탁월해서 누구한테나 당당한 제품을 만들어야 합니다. 우리 엠디 엄마들 기죽지 않는 제품을 만들어서 옆집 엄마 코를 납작하게 해주는 딸이 되고 싶으니까요.

TIP

현장에 답이 있다. 소비자와 만나는 끝단을 관리하라. 최접점에서 소비자를 만나는 분들이야말로 진정 고객의 답을 알고 있다.

2장

조직과 함께 성장하는 법

12

면접에서
중요한 것들

누군가를 뽑는 입장에서의 면접은 직장생활이라는 기차를 타고 가면서 내가 달리는 철도가 맞는 길인지 오히려 스스로에게 되묻게 되는 시간입니다. 철길을 달리던 폭주 기관차가 잠시 밖을 보는 시간, 낯선 사람이 같이 열차를 타려고 할 때 문을 열어야 하는지 고민하는 시간, 가끔은 다른 사람을 태우면서 내가 여기 타고 있는 게 맞는지 생각하는 시간입니다. 직장생활의 단계마다 우리는 누군가를 면접하고 누군가로부터 면접을 당하면서 살아가고 있습니다.

면접은 크게 두 가지가 있습니다. 신입사원 면접과 경력사원 면접. 우리 모두 처음엔 신입이었고, 다음 단계로 넘어갈 때는 늘 경력입니다. 일반적인 대기업의 경우 신입사원은 공채를 통해서 입사하는데, 최근에는 대부분의 기업들이 하는 인턴 면접도 있습니다. 마케팅 직무의 경우는 가끔 대학생 공모전 입상이라는 형태로 입사하기도 합니다. 경력사원 면접은 사원이나 대리급, 그리고 팀장 역할의 간부급 면접이 있으며, 외부 임원을 영입하는 면접도 있습니다. 과거 제일제당의 경우 경력사원 면접 중 결혼이나 육아로 경력이 단절된 분들을 위한 리턴십이라는 제도가 있어서, 경단녀(경력단절 여성)들을 시간제로 채용하기도 했습니다. 저는 여러 차례 면접위원이 되어서 신입과 경력의 입사에 의사결정을 하였고, 경단녀들이 취업을 위해 도전할 때도 참여해서 새로운 출발의 기회를 가질 수 있도록 했습니다.

면접은 매 순간 긴장되는 시간이며, 한 회사를 대표하는 임원 입장에서는 회사의 문화나 이미지를 보여주는 자리이기도 했습니다. 면접은 질문을 하는 사람도 대답을 하는 사람도 서로의 관점과 대화 속에서 서로를 평가할 수 있는 시간입니다. 저는 매번 어떠한 질문으로 면접자를 파악해야 우수 인재를 선발할 수 있을지 고민했습니다. 주어진 질문에 어떠한 방식으로 대답하는지를 살펴보는 것은 한 사람의 긴 인생을 파악하는 것과도 같았습니다.

그렇다면 면접에서 중요한 것은 무엇일까요?

신입사원 면접, 경력사원 면접 그리고 팀장, 사업부장급 이상 리더의 면접에 수차례 참석하면서 저는 늘 면접자가 진심으로 입사 지원을 하고 있는지가 궁금했습니다. '정말 이 회사에 오고 싶은 것인가? 기존에 다니고 있는 회사를 회피하고 싶어서, 자신의 경력에 한두 줄을 더 쓰고 싶어서 오는 것은 아닌가?' 늘 그것을 살피는 질문을 집중적으로 했습니다.

저의 경우 면접 시 상대방을 파악하는 기준은 첫째로, '진솔하게 자신에 대한 이야기를 하는가'였습니다. 어딘가 학원에서 배운 듯한, 인터넷에서 본 듯한 포맷의 자기소개서는 식상한 느낌을 줍니다. 그런 대답은 수년간 인력 채용을 해왔던 임원급의 면접 위원들에게 잘 통하지 않습니다. 자신의 인생을 진정성 있게 잘 설명하는 것, 자기가 살아온 삶을 충실히 노출하는 것은 면접자들이 갖춰야 할 기본이라고 생각합니다. 자신을 과하게 어필하려고 노력하거나 이야기를 꾸며내도 두세 번 깊이 있게 질문하면 대부분은 파악됩니다. 면접에서 드러나는 부족했던 것도 자랑스러웠던 것도 모두 자기 삶의 단면입니다. 면접자는 자신이 어떠한 사람인지 잘 파악해야 회사가 자신에게 맞는지 선택하고 판단할 수 있습니다.

두 번째는 하고자 하는 일에 대한 관심과 열정입니다. 하고 싶은 회사나 직무가 본인에게 관심이 덜하거나 흥미가 없다면 일하는 내내 즐거움이 없을 것입니다. 식품 마케팅 직무를 지원한 사람이 제품에 대한 관심이 없고 먹는 것도 좋아하지 않는다면 일하는 재미도 열정도 없을 것입니다. 마케터라면 자신과 제품을 드러내고 남들 앞에서 설명하는 일도 많은데 그런 것이 신나고 즐겁다면 그 일을 하는 것이 행복할 것입니다. 그러나 사람들 앞에 나서는 것이 불편하고 프로젝트마다 관련 부서와 업무 조율하는 것이 버겁다면 혼자서 할 수 있는 일을 찾는 것이 나을 것입니다. 자기가 하려는 직종이 어떠한 일을 하는지 주변 선배나 조사를 통해서 확인하고, 그 직종에 맞는 성격인지를 파악하는 것도 중요합니다. 회사를 바꾸기도 어렵지만 직종을 바꾸는 것은 더욱더 어렵습니다. 처음 입사할 때 가능한 자신에게 맞는 직무를 선택하는 것은 회사를 선택하는 것보다도 중요하다고 생각합니다.

　세 번째는 자기가 입사하려는 회사나 조직에 대한 관심입니다. 해당 기업의 직무에 대한 이해를 기반으로 그 회사는 어떤 가치를 갖고 있는 회사인가? 이 회사가 추구하는 방향은 무엇인가? 최근에는 어떤 일들을 하고 있는가를 살펴봐야 합니다. 그 회사가 어떠한 조직 문화를 가지고 있는지 점검해보는 것도 많은 도움이 됩니다. 누군가를 처음 만나러 가는 자리에서도 상대가 나에게 좀 더 관심을 가지고 있으면 자연스럽게 친해지고 나

또한 호감이 가는 것과 같은 이치입니다.

　신입사원 면접의 한 유형으로 최근에는 인턴십 프로그램이 있습니다. 한 달여 동안 팀에 소속되어 과제를 수행하며 회사의 분위기를 익히는 프로그램입니다. 졸업을 앞둔 학생들이 주로 오게 되는데, 직장생활이 어떠한 것인지 짧게나마 실무를 배울 수 있습니다. 회사 입장에서는 젊은 트렌드와 감각을 접목한다는 장점도 있고, 인턴사원을 찬찬히 보면서 입사 여부를 판단할 수 있는 좋은 기회입니다. 인턴 입장에서는 직접 일을 해보면서 자신이 지원한 직무를 통해 어떤 일을 하게 되는지 향후의 직장생활을 상상해볼 수 있고, 회사와 내가 맞는지도 판단할 수 있는 좋은 기회가 됩니다.

　마케팅에 지원하는 인턴분이 저희 부서에 오면 저는 대체로 마케팅 전략에 대한 과제를 주었습니다. 자유롭게 제품과 관련된 마케팅 전략이나 신제품 아이디어, 프로모션 제안 같은 것을 고민하게 했습니다. 대학생의 시선으로 만들어진 기획서는 다소 투박하지만 신선한 제안이 되는 것도 많아서 제품의 리바이탈 전략이나 프로모션 아이디어로 선택되기도 했습니다. 이미 기성세대가 되어버린 직장인들과 다르게 젊고 새로운 감각을 보여주는 친구들이 많이 있었습니다. 한 달여의 과제 기간이 끝나면 심사를 통해서 전략과 평소의 근무태도, 회사의 방향에 맞는지를 종합적으로 판단하고 입사 여부를 결정합니다. 인턴의 경험이 있는 친구들은 입사 이후에도 비교적 회사에 잘 적응했고, 동기가 생긴 인턴사원들은 서로 의지하면서 직장생활을 시작하기도 했습니다.

그동안 여러 차례 면접위원으로 참여한 경험 중 가장 기억에 남는 면접이 있습니다. 임신·출산으로 경력이 단절된 여성 인력을 뽑는 면접이었습니다. 리턴십이라는 제도를 만들면서 시간제로 일할 수 있는 주부 인력들을 채용했습니다. 신입 면접의 분위기가 발랄하게 들뜬다면 경단녀의 면접 분위기는 좀 더 절실하고 신중했습니다. 다들 과연 일을 다시 시작할 수 있을까에 대해 스스로 의구심을 가지고 있었고, 자신감도 떨어져 있는 분들이 보였습니다. 결혼 전 남부럽지 않은 경력이 있던 분들도 계셨고, 자신의 정체성을 일로써 다시 찾고 싶은 분들이 많았습니다.

제가 직접 리턴십 면접을 보고 채용해서 팀원이 된 한 여성분이 있었습니다. 그분은 요리책을 한 권 쓰고 딸아이를 키우던 분이셨는데, 육아로 경력이 단절되어 재취업의 문을 두드린 경우였습니다. 그분에게는 기존 마케터들에게서는 볼 수 없던 색다른 분위기와 경험이 있었습니다. 요리에 대한 식견이 있어서 회의 때마다 레시피 제안이나 요리 정보를 주곤 했습니다. 스스로 적극적으로 고민하고 남다른 아이디어를 주는 모습이 좋았습니다. 바쁜 마케터들은 실제로 요리에 충분한 시간을 쓸 여유가 없는 분들이 많은데, 그분은 여러 가지 요리들을 직접 만들고 개발한 경험으로 업무에 많이 기여했습니다.

개인적으로 회사 내에 다양한 분들이 더욱 많았으면 하는 바람이 있습니다. 균일한 사람들이 모여 있으면 일사불란하게 한 방향으로 일이 진행되겠지만, 보다 다양한 형태의 경험과 특색 있는 사람들이 모일 때 시너지가 나는 것을 많이 봐왔기 때문입니다.

제가 인턴사원이나 리턴십 분들께 자주 했던 말은 "이 회사에 물들지 마세요"였습니다. 처음에는 다들 당황해하시고 무슨 말이냐고 되묻기도 했습니다. 조직에는 이미 균일해진 직원들이 많으니 인턴은 대학생의 시선을 그대로 가지고 있길 바랐고, 리턴십 사원은 오랜 주부 경력의 장점을 버리지 말라는 뜻이었습니다. 소수의 의견이 존중되고 발현될 때 그 기업의 문화도 성장하고 발전하는 거라 믿었기 때문입니다.

면접은 짧은 시간 동안 누군가의 삶이 고스란히 드러나는 과정을 통해 그 사람을 판단하고 선택해야 하는 시간입니다. 면접위원이 면접자를 판단할 뿐 아니라 면접자도 면접위원들을 통해 같이 일하게 될 리더의 모습과 회사의 분위기를 판단하게 됩니다.

　요즘은 360도 다면평가를 통해 상사, 동료, 후배가 서로서로를 평가하는 시대입니다. 우리가 일하는 순간순간 누군가는 우리를 지켜보고 있습니다. 미팅의 대화 속에서, 업무의 진행과정 속에서 서로가 평가받고 판단되고 있습니다. 한편으로 사회생활을 한다는 건 면접자가 되거나 면접위원이 되는 것이기도 합니다. 언제 어디서나 면접에 준비된 삶을 위해서는 하루하루를 진실하고 최선을 다해 보내는 수밖에 없습니다.

면접에서 중요한 것은 자신에 대한 진정성과 함께 하고자 하는 일에 대한 관심과 열정을 보여주는 것이다. 회사와 조직에 대한 깊은 관심이 있어야 한다. 상대를 알고 나를 진실하게 표현하는 것이 최고의 합격 방법이다.

13

영혼을 불어넣는
멘토링

당신의 인생에는 소중한 멘토가 있나요?

직장생활에서 자신을 성장시키는 또 하나의 힘은 멘토링입니다. 긴 직장생활을 보낸 저에게는 멘토와 멘티로서의 풍부한 경험이 있습니다. 간부가 되면서 차·부장 때는 멘티의 역할을 많이 하게 되었고, 회사에서 추천해주신 각 계열사 임원들로부터 많은 코칭을 받게 되었습니다.

'직장생활의 어려움은 어떻게 해소해야 하는지', '조직 간의 갈등은 어떻게 해결하는지', '상사와 잘 맞지 않으면 이것을 어떻게 표현해야 하는지'와 같은 질문은 많은 직장인들이 매일매일 고민하는 부분입니다. 제가 다닌 CJ 안에는 다양한 멘토링 제도가 있었고 멘토링 모임에서 저는 훌륭하신 멘토 분들을 만나게 되었습니다. 멘토링을 통해 남들보다 먼저 어려움을 겪고, 거친 파도를 건너온 각 계열사 임원들의 노하우를 전수받았습니다. 커리어 각 단계에서는 어떠한 관점과 태도를 가져야 하는지, 다른 부서와 갈등 시에는 어떻게 해결하고 성과를 만들 수 있는지도 배웠습니다.

지금도 기억나는 인사 담당 임원과의 멘토링 때였습니다. 멘토이신 선배님과는 여러 차례 팀 단위의 멘토링을 받고 대화를 했습니다. 그러던 어느 날 선배님은 저녁식사를 하자고 제안하셨고, 우리는 이태원에 있는 근사한 스테이크 집에서 만났습니다. 분위기도 좋았고 잔잔한 음악도 흐르고 있었습니다.

저는 한동안 스트레스 받는 일들이 많이 있어서 멘토님과 이야기를 나누고 싶었습니다. 그러나 이런 좋은 분위기에서 힘든 회사 얘기를 꺼내기가 좀 조심스러웠습니다. 분위기도 좋은데 즐겁고 좋은 얘기만 하다가 갈까, 하면서 머뭇거리기만 했습니다. 그러길 반복하다가 저는 스테이크를 한입 먹고는 불쑥 이야기를 시작했습니다. "상무님 이제 저도 부장까지 와서 많이 올라왔다고 생각했습니다. 높은 산의 정상이 보이는 것도 같고, 언덕도 굽이굽이 돌면서 참 많이도 올라온 것 같은데 아직도 왜 이렇게 힘들까요?" 상무님은 조용히 머뭇거리시더니 얘기하셨습니다. "주은 님, 이제 겨우 9부 능선 넘었어요. 이제 정상이 보이는 것 같죠? 이제부터는 돌이 날아옵니다. 돌을 피해 가면서 정상으로 올라가야 해요." 저는 순간적으로 귀를 의심했습니다. '이제 좀 쉬면서 편하게 직장생활 좀 할 수 있을까 했는데… 이건 또 무슨 말씀이신 거지?'

갑자기 숨이 막히고 답답해지기 시작했습니다. 그러나 '한 회사에서만 10년 넘게 임원 생활을 하신 베테랑 같은 분인데, 깊은 뜻이 있으신 거겠지.' 하고 생각했습니다. 누구보다 조직 관리를 잘하시는 분이 해준 말이라서 조금씩 수긍이 갔습니다. 그리고 시간이 지날수록 그분의 말씀은 불쑥불쑥 직장생활이 힘들 때마다 버팀목 같은 목소리로 귓가를 맴돌았습니다. 멘토님의 말씀처럼 시간이 가고 일이 많아질수록 내 의견에 반대하는 분들도 생기고, 조율해야 할 것들은 산 넘어 산이었습니다. 그러나 그럴 때마다 그분의 말씀은 저를 지탱해주는 힘이 되었습니다.

멘토링 프로그램에 참여하면서 저는 비슷한 고충을 겪고 있는 리더들과 공감을 나누는 것이 가장 좋았습니다. 정기적인 미팅에서는 리더십에 대한 토론의 시간을 가졌습니다. 부서 내에서 부정적인 의견을 자주 내거나 팀워크를 저해하는 구성원, 의욕이 없거나 무기력한 팀원들의 사례를 각 계열사 팀장들과 같이 나누었습니다. 팀장으로서 리더십에 대한 서로의 노하우를 나누는 일은 깊은 공감대를 만들었고, 우리만의 단단한 네트워크를 만드는 계기가 되었습니다. 그렇게 멘티 역할을 몇 차례 경험하고 나서 제가 임원이 되면서는 멘토가 될 수 있는 기회가 생겼습니다. 이제는 멘토가 되어 그동안 멘티로서 받은 경험을 과장급 직원들에게 코칭을 하면서 되돌려주는 역할을 맡게 된 것입니다.

각 계열사 과장급들로 구성된 몇 개의 팀을 맡아서 코칭하고 리더십에 대해 토론하고 경험을 나누는 시간을 가졌는데, 멘티들은 본인들이 코칭받고 싶은 멘토를 선택할 수 있었습니다. 늘 여성 임원이 부족했던 조직이었기에 유일한 여성 임원이었던 저는 비교적 많은 멘티들의 선택을 받았습니다. 모임을 시작하면 "여성 리더로서 어려운 점은 무엇인가요?" "다른 부서와 일할 때의 갈등은 어떻게 해결하면 되나요?" 같은 질문들이 쏟아졌습니다. 저는 십수 년간 겪었던 다양한 구성원과의 갈등과 이를 해결했던 노하우를 하나씩 전수해주었습니다.

예전에 저의 얘기를 경청해주고 진지하게 상담해주신 선배들을 생각하면서 멘티가 된 멤버들과도 일대일 면담을 진행했습니다. '팀장이 되었는데 구성원들이 잘 따르지 않는다.' '진로를 바꾸고 싶은데 지원은 어떻게 해야 하는가' '능률이 떨어지는 직원들은 어떻게 코칭해야 하는가' 같은, 직장인이라면 한 번쯤

겪을 수밖에 없는 이야깃거리가 풍성했습니다. 제가 겪었던 일들, 그 당시 멘티들과 똑같은 위치에서 고민했던 것들, 수많은 날들을 갈등 속에서 헤매고 해결하던 기억을 꺼내주면서 그것이 나의 오랜 자산이었음을 알게 되었습니다. 제 솔직한 얘기를 아낌없이 나눠줄 때 후배들이 좀 더 쉽게 고민을 얘기하고 다가와주었고 그럴수록 서로 진실한 대화를 이어갈 수 있었습니다. 멘토링을 하면 할수록 직장에서 사람들 간의 관계가 얼마나 중요한지, 직장 내에 소통할 수 있는 창구가 있다는 게 얼마나 중요한지 느꼈습니다.

멘토링 팀을 이뤘던 멤버들과는 소속된 계열사도 부서도 달랐지만 가끔씩 술을 한잔하면서 서로에 대한 이해가 깊어졌습니다. 멘토링을 하면서 제 자신도 같이 일하고 있는 직원에 대한 이해가 높아졌습니다. 멘토링 팀의 멘티들과 어떠한 상사가 바람직한 상사인지, 힘든 상사는 어떤 유형인지도 구체적으로 토론했습니다. 저는 토론 속에서 우리 팀의 구성원들이 제게 할 수 없었던 많은 이야기를 알 것 같았고 리더인 제 자신에 대해서도 많은 깨달음이 있었습니다. 멘티들이 갖는 불만의 눈높이는 제가 알 수 없는 것이기에 저는 더욱더 우리 조직에 같은 생각을 하고 있는 사람은 없는지, 멘토링 토론을 접목해보려고 노력했습니다. 팀원들에게 존경하는 리더가 어떤 사람인지도 물어보았고 저와 리더상의 간극을 확인하면서 고쳐보려고도 했습니다. 저는 그간 성과를 내는 사람들 중심으로 좋아했는데 상사들의 불만을 얘기하는 멘티들을 보고 나서는 부서 후배들을 새로운 시각으로 보게 되었습니다. 그리고 같이 일한 지 시간이 좀 흘렀지만 깊이 알지 못했던 한 특이한 후배가 눈에 들어왔습니다.

그 후배는 요리를 너무나 좋아했습니다. 평소 저는 그 친구가 맡은 업무의 실적만 물어보고 부진하면 대책 회의만 했었는데, 멘토링을 통해 저도 조금씩 변하기 시작했습니다. 구성원을 실적을 만드는 대상으로만 보는 것이 아니라 개인적인 관심을 가지고 보기 시작한 것입니다. 성과를 떠나 구성원 자체에도 애정을 가지고, 그들의 꿈에도 관심을 갖게 되었습니다. 대리였던 그 요리덕후 후배는 퇴근 후 집에서 요리 사진을 찍는 것이 취미였습니다. 거금을 들여 주방을 멋지게 꾸며놓고 밤마다 요리 촬영을 하는 친구를 보면서 저는 그의 상사이자 멘토가 되고 싶었습니다. 저는 그의 꿈이 궁금했고, 어느 날 무심히 질문을 던졌습니다. 그는 "저의 꿈은 와이프와 푸드 트럭을 몰고 전국 일주를 하는 거예요"라고 답했습니다.

당시 저는 제품 개발과 매달 마감하는 실적만 챙기고 있었는데, 그 친구의 꿈은 너무나 멋있었습니다. 저까지 그 꿈에 관심이 생기고 그가 준비하는 것, 요리에 진심인 태도가 멋지게 보였습니다. 그리고 저도 모르게 어느 순간, 그 후배의 꿈을 응원하고 있었습니다. 업무를 떠나서 허심탄회하게 얘기하는 시간도 자연스레 많아졌습니다. 후배는 미래에 대한 고민이 많았습니다. 제가 보기에 그는 가공식품 기획과 개발보다는 소비자 접점에서 일하면서 트렌드를 몸으로 느끼는 감각이 빠른 사람이었습니다. 요리에 대한 인사이트가 많고 새로운 요리 메뉴를 개발하는 것이 적성이 맞았던 후배에게 저는 말했습니다. "나는 너와 같이 마케터로 성장하는 것이 너무 좋지만, 직접 요리도 만들고 소비자도 만나고 싶다면 네가 할 수 있는 길을 가는 게 좋을 것 같아."

저는 조직장으로서 많이 아쉬웠지만 후배에게 자신이 가고 싶은 길을 가라고 얘기했습니다. 누구보다 따뜻한 인성으로 주변 사람들에게 음식 대접하는 것을 좋아하는 후배였기에, 직접 현장에서 고객을 만나고 음식을 통해서 소통하는 삶을 살라고 얘기했습니다. 그러나 조직의 경험이 있으면 사회에서도 큰 경쟁력이 되니까 간부 승진까지는 하는 것이 좋을 것 같다고 조언했습니다. 그리고 승진을 진행했습니다. 주도적으로 본인이 원하는 삶을 개척하고 새롭게 도전하는 그가 당당하고 멋있게 보였습니다. 제가 과장 승진까지 지켜봤던 그 친구는 독립을 했고, 지금은 멋진 요리를 만드는 바베큐 연구소 소장님이 되었습니다.

저는 임원이 되어서는 전문 코칭 리더의 도움을 받았습니다. 임원이 되니 고독해지고 누군가와 깊이 있게 상의하거나 감정을 나누는 일이 힘들어졌습니다. 전문 코치님은 여러 임원급을 코칭하신 전문가로, 제가 갖고 있는 많은 고민들을 들어주시고 해결책을 제시해주셨습니다. 조직의 비전을 이해하고 실천하는 것, 상사와의 소통 방식, 구성원들에게 다가갈 때 갖춰야 하는 태도 등에 대해서 일대일 미팅의 시간이 있었습니다. 가끔은 롤플레이도 직접 해가면서 실제 상황에 맞는 코칭을 해주시기도 했습니다. 일 년간 8번의 만남이 있었는데 늘 그 만남이 기다려지고 그분을 만나고 나면 기분이 좋아졌습니다. 코치님의 말씀 중에 가장 중요한 것은, '일은 치열하게 하되, 사람은 잃지 마세요'였습니다. 임원으로서 실적이라는 압박감에 신규 사업의 성장만을 바라보고 치열하게 일하다 보면 갈등도 생기고, 사람을 잃게 되는 경우가 있었습니다. 항상 성과 속에서도 사람을 잃지 않도록 노력하라고 하신 말씀은 지금도 깊게 새기고 실천하려는 부분입니다.

퇴직을 하고 나니 정말 중요한 것은 사람이었다는 것을 다시금 깨닫습니다. 조직은 떠나고 일도 과거 속으로 사라지지만 실제로 우리에게 남는 것은 사람들입니다. 저의 성장을 응원했던 멘토 상무님들, 그리고 멘토링으로 만났던 소중한 후배들 덕분에 긴 여정이 가능했습니다. 진심을 다해 치열하게 일했던 시간과 그 시간을 함께한 동료들은 저의 아름다운 역사이자 추억입니다. 혹시라도 저도 모르게 상처를 준 분이 있다면 미안했다고 말하고 싶습니다.

사회생활 속에서 누군가의 멘토가 되고 멘티가 되는 것은 큰 행운이다. 일은 치열하게 하되 사람은 잃지 말아야 한다. 어떠한 일도 혼자 힘으로 성공할 수 없기 때문이다.

14

여성 리더를 만나
말문이 트이다

저의 긴 직장생활 속에는 기억나는 두 분의 여성 리더가 있습니다. 처음 만난 분은 부드러운 이미지의 임원이었습니다. 처음으로 여성 리더를 만났을 때는 그간 한 번도 만난 적이 없는 상황이라, 여성 상사는 저에게 새로운 느낌을 주었습니다. 제조업이자 대기업에서는 여성 임원이 턱없이 부족했기 때문에 저도 부장에 이르러서야 여성 임원을 만날 수 있었습니다.

그간 남성 리더분들은 좀 더 직접적인 언어로 업무를 지시했으며, 업무 위주의 소통이 많았습니다. 몇 년의 시간 동안 같이 업무를 하면서도 편안하게 개인적인 고민을 나누거나 사적인 대화를 하기 쉽지 않았고, 마음을 여는 것도 편치 않았습니다.

주변의 남자 동기들은 남자 상사들과 편하게 술도 마시고 담배도 같이 피우러 나가곤 했는데, 그럴 때마다 저는 좀 소외되는 느낌이 있었습니다.

당시에는 제가 일을 잘 하는지, 프로젝트 리딩은 잘 하고 있는 것인지 궁금했습니다. 저의 업무 스킬은 무엇이 문제인지 알 수 없어서 눈치껏 알아서 일을 해야 했습니다. 그분들의 메시지를 제 나름대로 해석해서 제가 생각하는 완성도의 기준으로 업무를 처리했던 적도 많았습니다. 남성 리더들이 대다수인 조직 분위기 속에서 상사들과 편하게 밥을 먹었던 기억도 많지 않습니다. 팀장 시절에는 다른 남성 동료 팀장들과 같이 따라갈 수 있는 술자리 정도에서 귀동냥을 하며 회사 분위기를 파악하는 정도였습니다. 그렇게 팀장을 몇 년 하고 나서야 외부에서 영입된 첫 여성 임원을 만나게 된 것입니다. 그녀는 글로벌 회사에서 일을 하셨다며 자신을 소개했습니다. 작고 아담한 체구와 부드러운 얼굴, 다정다감하고 상냥한 말투는 그간 전통적인 제조업에서 봐왔던 남성 상사들과는 무척이나 다른 느낌이었습니다.

그분은 외국계에서 일을 했던 경험이 많아서인지 말투가 부드럽고 상대에 대한 배려와 존중이 있었으며, 소통을 위해 팀 단위로 식사하는 문화를 좋아하셨습니다. 저는 입사 이후 처음으로 십수 년 만에 동성 간의 친근한 대화 속에서 편안함을 느겼습니다. 그동안 팍팍했던 대화가 봇물 터지듯 시작되면서 말문이 트이는 느낌이 들었습니다. '아, 그동안 남자 동기들은 이런 느낌이었겠구나.' '그들은 친한 형, 동생처럼 편하게 술잔을 기울이며 이런저런 대화를 했겠구나.' 그 순간 남자 동기들이 많이 부러웠습니다. 저는 '십수 년 이상을 케미가 맞는다는 게 뭔지도 모르고, 통한다는 느낌도 모른 채 기계적으로 업무적인 대화만 했구나.' 하는 생각이 들었습니다.

임원인 그분은 가볍게 차도 한잔 마시고 개인적인 얘기도 나누며 상세하게 업무지시를 해주셨습니다. 당시 저와 그녀가 맡은 사업은 이슈가 많아서 늦게까지 같이 전략을 짜고 밥도 먹으면서 많은 시간 미래 사업 전략에 대해 얘기했습니다. 그러나 그분은 당시 군대와 같은 일사불란한 조직 문화와 상명하복의 강력한 카리스마 리더십을 원하던 조직에서 오래 버티지 못하셨습니다. 같은 회사를 오래도록 다닌 사람으로서 그 당시 그분을 지켜주지 못한 것 같아 아쉽고 아픈 감정을 오래도록 가졌던 기억이 있습니다. 그간 다른 일부 리더들의 텃세도 있었고, 그분의 새로운 리더십에 많은 사람들이 관심을 보이기도 했으나 오래된 관습 같은 조직 문화의 벽을 넘기란 쉽지 않았습니다. 저는 선한 영향력을 보여주시던 그분이 좀 더 긴 직장생활을 이어가시길 바라는 마음이었기에 매우 안타까웠습니다.

그분이 퇴직한 이후에도 저는 고민이 있을 때마다 그분을 찾아가서 만나 뵙고 멘토가 되어주시길 요청드렸습니다. 한참이 지난 어느 날, 중견회사 대표님이 되신 그분을 찾아갔습니다. 그날도 스트레스가 많은 업무에 대해서 상의를 드리고 싶어서였습니다. "대표님, 요즘 너무 일이 힘들어요. 이제 더 이상은 못 할 것 같습니다. 여성 팀장이 있는 것도 아니고, 여성 임원 선배들의 사례도 없어서 저의 미래도 불가능하게만 보여요." 하고 솔직한 말씀을 드렸습니다. 그분은 한참 머뭇거리시더니 "아니에요. 이주은 님은 할 수 있어요. 회사는 때로 윗분들도 눈이 잠시 먼답니다. 비가 오는 날도 있고 맑은 날도 있는 거예요. 시간이 지나면 구름이 걷힙니다"라고 말씀하셨습니다.

저는 집으로 돌아오면서 생각했습니다. '과연 구름이 걷힐까?' 앞이 캄캄하게만 보였고 긴 터널을 저 혼자만 걸어가는 느낌이었습니다. 남자들 사이에서 홀로 버티며 오랜 부장 시절을 보냈습니다. 대기업의 여성 임원이 된다는 건 너무나 높은 산이었습니다. 힘들기만 했던 수많은 날들을 멘토였던 그분과 함께 깊은 대화의 시간을 가지며 보냈습니다. 오랜 위로와 격려의 시간이 지나갔습니다.

두 번째 만난 여성 리더는 제가 사업부장 시절에 만났던 분입니다. 여러 대기업에서의 임원 경력이 있었고, 이른 나이에 임원이 되신 분이라 리더십이 상당히 뛰어나셨습니다. 그분에게 처음 놀랐던 일은 그분이 부임하고 일주일쯤 후에 각 조직 리더들에게 한 시간씩 개별 면담을 제안하신 것입니다.

업무 파악에 앞서 개별적인 대화의 시간을 갖자는 제안에 놀랍기도 했지만 기대감이 생겼습니다. 저는 '구성원들과 일대일 대화는 이렇게 바로 시작하는 거구나.' 하고 호기심을 갖게 되었고, 그간의 임원들에게서 볼 수 없었던 모습에 개인적으로 관심도 생겼습니다. 부드러운 인상으로 편안하게 대화를 주도하셨던 그분은 저도 모르게 한 시간 동안 저에 대한 모든 이야기를 털어놓게 만들었습니다. 회사의 좋은 점, 문제점과 개선 방향, 그간 저의 경력과 향후 비전, 이런 것들을 저도 모르게 쏟아 놓고 있었습니다. 질문으로 대화를 끌어내는 능력이 좋은 분이었습니다. 그분이 어떤 분인지 알려고 갔는데 제 이야기만 잔뜩 늘어놓고 나온 것이었습니다.

그분은 늘 부드러운 자세로 수평적이고 서로 존중하는 문화를 만들려고 노력하셨고, 친근한 화법을 보였습니다. 오래전부터 만나온 언니 같은 친화력으로 가끔은 해맑은 유머를 던져서 주변 분위기를 가볍게 만들고는 하셨습니다. 그간의 리더들과는 달리 권위적이지 않은 자세로 문제를 풀어나갔고, 웃으면서 제품과 브랜드를 키워나갔습니다. 그분과 함께했던 여러 차례의 국내외 출장에서는 늘 편한 여행처럼 일과 사람 이야기, 업무 이야기가 자연스럽게 이어졌습니다.

여성 임원 두 분을 만나면서 저도 리더십에 대해서 좀 더 다양한 생각을 가지게 되었습니다. 성과 달성을 위한 목표 의식만 가지고 일을 지시하기보다는 구성원을 존중하며 대화를 이끌어 나갈 때 구성원들이 더욱 자율성을 갖고 적극적으로 일을 한다는 것을 알게 되었습니다. 수평적인 사고는 창의적인 능력을 키울 수 있고, 보다 능동적으로 성과를 만들 수 있다는 것도 깨달았습니다. 저도 그러려고 노력했고, 그럴수록 팀워크와 성과는 좋아졌습니다.

이 두 임원분이 없었다면 제가 임원이 되는 것은 불가능했을 것입니다. 조직 안에서 롤모델을 찾고 배워나가는 것은 행운이자 큰 기회입니다. 지금 가까운 곳에서 각자의 롤모델이 될 수 있는 분을 찾기 바랍니다. 그분이 남성이든 여성이든, 심지어 후배이든, 배울 점이 있다면 그분과 많은 대화를 하라고 말씀드리고 싶습니다. 일이 잘 안 풀리거나 힘들수록 멘토는 더욱더 필요합니다. 혼자 자라는 나무는 없습니다. 깊은 대화 속에서 나를 키워줄 수 있는 생각과 사고방식을 가진 분이면 그 어떤 분이라도 다가가서 요청하기를 바랍니다. 우리 모두는 배움 속에서 성장하고 행복해지는 것 같습니다.

TIP

살면서 멘토를 만나는 것은 행운이다. 조직에서 높은 성과를 만들고 리더십을 배우려면 주변의 롤모델을 찾고 지속적으로 대화해야 한다.

15

조직에서 모티베이션이란
무엇인가

회사를 다니다 보면 가끔은 떠나고 싶을 때가 있습니다. 같이 일하는 상사가 마음에 들지 않거나, 옆에 있는 동료가 지긋지긋하거나, 쥐꼬리만 한 월급이 더 이상 받기 싫어질 때, 특히 내가 조직 안에서 볼트와 너트 같은 부속품으로 느껴질 때는 더욱 그렇습니다.

조직에서 모티베이션이 떨어지는 경우는 많습니다. 밤새 만든 자료를 상사가 틀렸다는 듯이 쳐다볼 때, 한 달 내내 낑낑거리다 들고 간 보고서가 단박에 무시당할 때, 여러 사람들과 회의하는 과정에서 적들이 나를 공격할 때 등입니다. 우리 팀 구성원이나 상사가 든든한 내 편이 되어주지 않을 때, 적군인지

아군인지 모르게 나를 공격할 때 우리의 모티베이션은 떨어질 수밖에 없습니다.

취업 플랫폼 인크루트에서 조사한 '직장인 이직 사유'에 의하면 직장인들은 연봉보다도 일하는 방식과 문화에 영향을 많이 받는다고 합니다. 또한 평생교육 전문기업인 휴넷의 조사에 따르면 팀장의 가장 중요한 덕목은 동기부여 능력이라고 합니다. 결국 직장인들은 자신이 한 일을 조직으로부터 인정받을 때 더 큰 성과를 내며 즐겁게 일할 수 있다는 뜻입니다. 보고를 들어간 자리에서 "이거 멋진 기획서인데? 어떻게 이런 생각을 다 했어? 좋은 전략이라 진행해보면 좋을 것 같아"라고 리더가 가볍게 던지는 이런 한두 마디 말로도 구성원들은 모티베이션이 생기고 신이 납니다. 짧은 기획서 몇 장을 보고 나서 "이거 좋다. 우리 같이 한번 해보자"라는 말을 들을 때 구성원들이 의욕을 갖고 일할 수 있는 것입니다. 모티베이션은 서로 간의 존중을 기반으로 생겨난다고 생각합니다. 저는 마케터로 일하면서 굉장히 많은 부서와 일을 했지만, 각 전문 부서 멤버들이 각자의 개성을 존중받으며 진행한 프로젝트의 성공률이 더욱 높았습니다. 각 멤버들을 인정하고 일을 맡겨줄 때 그들이 보다 전문가처럼 일하는 것을 느낄 수 있었습니다.

상대방의 개성을 존중하는 것, 그리고 그 분야의 전문성을 인정하는 것, 이것이 모티베이션에 있어 첫 번째로 중요한 요소라고 생각합니다. 때로는 다른 부서 멤버들의 모티베이션을 만드는 것은 쉬운데, 정작 바로 아래 직원들의 모티베이션을 끌어올리는 것이 어렵게 느껴지기도 합니다. 저는 구성원들에게 때로는 무서운 상사였고 부정적인 피드백도 가끔 했습니다. 제 자신은 위로부터 부정적인 피드백을 받으면 오기가 나서 일을 하는 스타일이었는데, 지금 대부분의 직원들에게는 그런 방식이 통하지 않습니다. 인정해주고 존중해주는 것, 부드러운 칭찬 속에서도 핵심을 알려주는 것, 그것이 리더로서 구성원들의 모티베이션을 가장 잘 높일 수 있는 방법이라고 생각합니다.

모티베이션에 있어 중요한 두 번째는, 비전의 제시입니다. 비전을 제시한다는 것은 일을 통해서 사업이 얼마나 커지고 구성원들의 역할이 얼마나 성장할지 큰 그림을 그려주는 것입니다. 지금 내가 하는 일이 큰 숲이라면 나는 어떤 위치의 나무이며, 몇 번째 가지로서 역할을 하고 있는 것인지를 조망할 수 있게 해주는 것이 중요합니다. 비전을 제시하는 리더의 한마디 말은 나의 미래에 다가올 3년 뒤, 5년 뒤의 큰 그림을 보여줍니다. 내가 지금 어디쯤 가고 있는지 방향을 제시해주는 상사, 그런 상사가 있어야 우리도 나침반을 가지고 망망대해 같은 세상을 향해 항해를 지속할 수 있습니다.

세 번째는 지속적인 대화입니다. 구성원들이 모티베이션을 충분히 느끼고 있는지, 모티베이션이 떨어지는 이유는 무엇인지 수시로 묻고 확인하는 것입니다. 지속적인 소통을 통해서 구성원들은 확장된 업무의 기회를 발견하고, 일과 조직에 대한 희망을 가질 수 있습니다. 1년 내내 내가 잘하는지 못하는지 아무도 말해주지 않는다면 우리는 시커먼 어둠 속을 헤매게 될 것입니다. 긍정적인 피드백과 부정적인 피드백의 적절한 조화도 중요합니다. 단, 부정적인 피드백은 상대가 개선되어 성장하기를 진심으로 바란다는 마음을 느낄 수 있도록 해야지만 효과가 있습니다.

마지막으로 정말 중요한 것은 리더 스스로가 모티베이션이 되어야 한다는 것입니다. 내가 리더라면 구성원을 열정적으로 리드할 수 있는 스스로의 동력을 상실하지 않도록 노력해야 합니다. 리더의 감정은 조직에 쉽게 전파됩니다. 리더의 한마디에 구성원들은 웃을 수도, 울 수도 있기 때문입니다. 제가 담벼락이 넘어갈 정도로 크게 웃는 날은 구성원들도 즐거운 감정으로 일할 수 있었다는 말을 친한 후배에게 들은 적이 있습니다. 즐거운 감정은 구성원들을 편안하게 하고 화의 감정은 구성원들을 불안하게 만듭니다. 리더들은 조직의 분위기를 만들고 구성원들의 감정에 영향을 주는 만큼 스스로의 감정 컨트롤에 집중해야 합니다.

저는 사업을 맡고 있을 때는 조직을 키우고 구성원들을 승진시켜야 한다는 사명감 같은 것을 가지고 있었습니다. 일을 통해서 같이 일하는 사람들을 성장시키는 리더가 되고 싶었습니다. 신규 사업을 키우면서 많은 후배들을 육성하고 승진시켰습니다. 스스로의 모티베이션이 떨어지면 조직 구성원들을 생각하면서 다시금 동력을 만들어가는 것도 방법입니다. 임원이 된 이후에는 제가 만드는 한식 브랜드가 세계적인 브랜드가 될 수 있기를 바라는 열망으로 스스로의 비전을 만들고 동기부여를 해나갔습니다.

조직의 모티베이션을 높이는 방법은 자신을 사랑하는 마음으로 리더 자신의 열정을 지키면서 상대를 존중하고 있는 그대로 인정해주는 것입니다. 그리고 우리는 할 수 있다는 믿음과 비전을 구성원과 함께 나누고, 정기적인 피드백과 대화를 이어나가는 것이라고 생각합니다.

조직 구성원의 모티베이션을 높이려면 구성원을 존중하고 비전을 명확히 제시해야 하며 지속적인 대화를 통해서 소통해야 한다. 그리고 무엇보다 중요한 것은 자신의 모티베이션이 떨어지지 않도록 노력해야 한다.

16

핵심 인재는
누구인가

　회사를 다니다 보면 수많은 직원들을 만나게 됩니다. 누군가는 핵심 인재가 되어 성과를 빠르게 이루고 승진과 높은 연봉 인상이라는 결과물을 만들지만, 또 누군가는 5년, 10년간의 지속적인 직장생활에도 별로 빛이 나지 않는 평범한 일상을 보내게 됩니다. 정글과도 같은 직장에서 빠른 성장을 보이며 승진의 가속도를 높이는 주인공이 되는 핵심 인재는 어떤 특징을 가질까요?

　핵심 인재의 첫 번째 특징은 '일을 사랑하는 사람'이라고 생각합니다. 본인이 하고 있는 일에 대한 자긍심과 애정이 있고, 무엇보다 일을 잘하고 싶은 마음을 가진 분입니다. 그냥 돈을 벌고 싶어서, 그냥 남들이 좋은 회사라고 하니까, 주변에 설명하기 좋은 회사를 다니고 싶어서 다니고 있는 분들은 열정도 에너지도 없고, 일을 사랑하지 않는 분들입니다. 일을 사랑하는 마음은 업무에 대한 호기심에서 나옵니다. 상품개발을 하는 사람이면 '아, 지난주에는 경쟁사에서 새로운 상품이 나왔는데, 우리 거랑 뭐가 다르지? 디자인 콘셉트는 어떻게 다르고 이 제품의 장점은 뭘까?' 하는 호기심을 가지고 자기 제품을 바라봐야 합니다. 일을 잘하고 싶은 마음에 자신의 업무와 관련한 사항이라면 끊임없이 질문하는 사람입니다. 이런 분들은 자신이 맡은 제품과 사업을 탐구하고 지속적으로 시장을 관찰하기 때문에 트렌드를 잘 파악하게 됩니다.

핵심 인재의 두 번째 특징은 사람들이 말하는 '일머리가 있는 사람'입니다. 공부를 잘해서 좋은 학교를 나왔는데도 일머리가 좋지 않은 사람들이 많습니다. 일머리란 무엇일까요? 저는 일을 하는 센스와 응용력이라고 생각합니다. 센스 있는 사람은 조직의 분위기를 좋게 만듭니다. 관련 부서와의 소통도 매끄러워서 서로 협업하는 분위기를 만듭니다. 센스를 통해 즐겁게 일하면서도 실력을 발휘하는 것입니다.

응용력은 어떤 걸까요? 마케팅 조직의 예를 들면, 특정 성공 사례를 보고 다른 일에 똑같이 응용하는 것입니다. 예를 들어 어떤 채널에서 물건이 잘 팔리면 그 이유를 파악해 다른 채널로 확장할 수 있는 능력입니다. 분야가 다르더라도 남들이 잘 만든 결과물을 분석하고 그것을 나에게 접목할 수 있는 사람은 응용력이 좋은 사람입니다. 그것이 건전한 모방이든 벤치마킹이든 타인의 성공을 응용하고 적용할 수 있다면 성과를 이룰 수 있습니다.

세 번째 특징은 '합리적 수용력이 있는 사람'입니다. 회사를 다니다 보면 상사나 다른 부서로부터 내가 한 일에 대해서 가끔씩 부정적인 피드백을 받기도 합니다. 일을 할 때마다 칭찬을 받으면 좋겠지만 다양한 관점의 사람들이 있는 직장이라는 곳에서 매번 칭찬을 받기는 불가능합니다. 멋진 기획서를 만들어 가져가도 "이거 틀렸어요. 이것 좀 고쳐보시겠어요? 이 부분은 좀 다르게 생각해보면 좋겠는데." 등의 얘기를 듣게 됩니다. 그럴 때 핵심 인재들은 그것을 합리적으로 받아들입니다. 물론 맞지 않는 것, 상사의 권위로 주장하는 것을 무조건적으로 수용해서는 안 됩니다. 그러나 발전적인 피드백을 받고도 고집을 부리며 자신을 변명하는 것은 좋지 않습니다. 내가 보지 못한 새로운 시선, 날카로운 비판도 받아들일 수 있는 사람이어야 시야가 확장됩니다. 일에 대한 비판이 자신의 인격에 대한 것이 아니라는 것을 알고 일과 스스로를 분리할 수 있어야 크게 성장할 수 있습니다. 그건 나에 대한 비판이 아니라 나의 일에 대한 지적이기 때문입니다. 스스로를 사랑하는 마음이 있으면 이런 지적은 아프지만 즐거운 조언이 됩니다.

핵심 인재의 마지막 특징은 '견디는 힘'입니다. 긴 직장생활 동안 수많은 갈등과 어려움이 있었지만 저를 꾸준히 밀고 나갈 수 있었던 힘은 견디는 힘이었습니다. 그것은 사람들이 말하는 맷집일 수도 있고 깡다구일 수도 있습니다. 아니면 인내심인지도 모르겠습니다. 적어도 내가 목표한 제품으로 시장의 리더가 되고, 내가 기획한 제품이 히트상품이 되는 것을 꼭 보고 싶다는 의지로 버티는 힘이 있어야 합니다. 많은 동료들이 버티지 못하거나 다른 삶을 위해서 떠나기도 했지만, 저는 긴 마라톤의 레이스는 끝나지 않았다고 생각하고 오랜 시간을 견뎠습니다. 자기 자신에 대한 긍정적인 마음을 가지고 견디는 힘은 핵심 인재가 가져야 하는 필수적인 요건입니다. 어떠한 일도 일정한 기간의 꾸준한 노력이 없으면 성과는 만들어지지 않기 때문입니다.

한동안 실적이 부진해 경영회의에서 조직장으로서 고개를 들기 힘들던 때가 있었습니다. 실적이라는 것에는 오르막도 있고 내리막도 있기 마련인데, 주요 사업의 책임을 지고 있는 만큼 매번 회의 시간마다 부진한 실적의 원인과 대책을 설명해야 하는 것은 괴롭고도 피할 수 없는 시간이었습니다. 매달 진행하는 경영회의에는 각 분야의 경영진들이 참석했고, 저는 그달 발생한 실적을 복기하면서 부진한 사업의 경우는 문제점과 개선 대책을 발표해야 했습니다.

저는 팀장 때부터 회의에 참석했고 마케팅 직무 특성상 많은 질문을 받았습니다. "이번 달 실적이 부진한데 광고는 왜 진행을 한 것입니까?" "말하고자 하는 제품의 콘셉트는 알겠는데 소비자는 얼마나 인지하고 있는 것인가요?" "불필요한 비용만 많이 써서 손익이 악화된 것은 아닐까요?"

한동안 얼굴이 화끈거리고 죄인이 된 느낌으로 회의 시간을 버텨나간 적이 있습니다. 매달 반복되는 실적에 대한 비판을 듣기가 너무도 힘들었습니다. 당시 부문장님(부사장님)은 개인적으로도 친했고 편하게 소통할 수 있는 분이어서 지속되는 비판을 참다못해 찾아가서 말씀드렸습니다. "부문장님 저도 최선을 다하고 있습니다. 여러 가지 방법을 찾고 실적을 개선하기 위해서 최선의 노력을 다하고 있습니다. 조금만 더 기다려주세요." 그러고는 저도 모르게 "제발 죄는 미워해도 사람은 미워하지 마세요"라고 말해버렸습니다. 그러자 그분은 한참을 웃으면서 대답하셨습니다. "난 너를 미워하지 않아. 너의 죄를 미워하지." 두려움에 가득 차서 한 얘기였지만, 그분의 농담 섞인 쿨한 대답을 듣고 나서는 저도 모르게 맘이 편해지는 것을 느꼈습니다.

그리고 감사하는 마음이 생겼습니다. 지금도 그때를 생각하면 저는 철없는 리더였지만 그분과의 진실한 대화를 통해서 서로에 대한 신뢰를 확인했습니다. 그리고 최선의 노력 끝에 어두운 실적의 터널을 빠져나갔습니다.

저는 많은 후배들을 성장시키고, 특진도 시키면서 핵심 인재로 양성했습니다. 그러나 조직에서 각광받는 핵심 인재가 된 친구들이 이삼 년 후에는 주변으로부터 질투의 시선, 잘해야 한다는 부담감을 견디지 못하기도 했습니다. 몸이 아프게 되거나 이직을 하기도 했습니다. 왕관의 무게를 버텨야 왕이 되는 것처럼, 스스로의 무게를 버티지 못하면 레이스를 지속할 수 없습니다. 스스로 어려움을 버티고 견디는 힘은 핵심 인재의 가장 중요한 덕목 중 하나가 아닐까 싶습니다.

핵심 인재는 일을 사랑하고 일머리가 있는 사람이다. 그들은 합리적 수용성이 있으며 견디는 힘을 통해서 조직에서 높은 성과를 만들어간다.

17

마케터를 향한 카메라는
언제든 켜진다

대전역을 지나가던 어느 날에 갑자기 전화벨이 울렸습니다. "주은아, 너 텔레비전 나온다. 요즘 뭐 하고 사니?" 대구에 사시는 고모가 오랜만에 전화를 하신 것이었습니다. 화들짝 놀라서 "고모, 근데 어디서 뭘 보고 있는 거예요?" 하자 고모는 "나 지금 대구역인데, 음식 주문해서 먹고 있는데 화면에 네가 나오는 거 있지?"라고 말했습니다.

아뿔싸, 당시 대구역 케이터링 모 업체의 식당 안에서 틀고 있던 화면에서 얼마 전에 촬영한 광고의 메이킹 필름이 돌아가고 있던 것이었습니다. 메이킹 필름은 광고를 만들 때 현장을 스케치하는 영상으로, 모델과 광고주의 모습이 자연스럽게 나오는 영상입니다. 광고주로 촬영장에 갔었는데 저도 모르게 같이 촬영이 되었고, 광고만 나오면 될 것을 그 업체에서는 자연스럽고 재밌다며 메이킹 필름까지 틀어버린 것입니다. 손님들이 밥 먹으면서 바라보는 대형 스크린에 제가 계속 노출되고 있었던 것입니다. 그날의 황당함이란…. 저는 제 얼굴이 전국적으로 하루에도 몇 차례씩 나가고 있는 것을 몰랐습니다.

마케터로 살다 보면 수많은 카메라를 만나게 됩니다. 제품 홍보를 위해서 스토리텔링 차원의 에피소드를 이야기하게 되기도 하고, 제품의 성과를 발표해야 하기도 합니다. 마케팅 사례가 성공적이거나 새로운 도전이었다면 더욱 많은 카메라에 노출됩니다. 브랜드 매니저로서 이십 년 이상 살아오면서 많은 시간 제품을 위해서 인터뷰에 응할 수밖에 없었습니다. 인터뷰에 출연했던 사례로는 제일제당에서 정기적으로 나오는 사내 방송 프로그램에 제품을 가지고 등장했던 경우가 있습니다. 한 직장에 오랜 시간 다니다 보니 어쩌면 많은 분들이 저의 변천사를 화면을 통해서 보게 되었을지도 모릅니다.

마케터는 때로 SNS 홍보 영상에 노출되기도 합니다. 신제품을 설명하면서 자연스럽게 브랜드 매니저로서 소개되었던 기억이 많이 있습니다. 소위 자신을 팔아가며 제품을 알리기도 하고 일하면서 생기는 에피소드로 기사를 끌고 가기도 합니다. 요즘은 다양한 셀럽을 활용해 콘텐츠를 만들기도 하지만 마케팅 일을 하며 SNS에 자기 제품 한 번 안 올려본 사람은 없을 것입니다.

종종 기사를 통해 제품을 홍보해야 될 때도 있습니다. 신제품 런칭 기사를 보고 초등학교 동창이 오랜만에 연락해오는 것은 제법 흔한 일이었습니다. HMR 사업을 맡으면서 저는 기자들을 많이 모아놓고 기자 간담회도 여러 번 진행했습니다.

카메라의 빗발치는 시선을 받으면 긴장이 되었고, 회사를 대표해 전략을 발표하고 의견을 말해야 했기에 부담감도 무척 컸고 조금이라도 실수하지 않으려고 애를 썼습니다. 기자들은 통상 자극적인 숫자나 기업의 거대한 사업 비전, 경쟁사와의 치열한 다툼 같은 스토리를 듣고 싶어 하기 때문에 예기치 못한 질문이 나오면 당황했던 적도 많았습니다. 마케터는 카메라에 익숙해져야 합니다. 마케터를 향한 카메라의 불은 언제든 켜집니다. 제품을 사랑하고 내 사업을 사랑한다면 나를 향한 시선, 제품을 향한 시선을 덤덤히 받아들이고 자신감 있게 제품을 소개하는 것은 상당히 중요한 역량입니다.

마케터는 공식적인 자리에서 제품과 전략을 발표해야 하는 일이 많고, 이러한 프레젠테이션을 잘 하기 위해 필요한 몇 가지 중요한 역량이 있습니다.

첫 번째로 중요한 것은 자신감입니다. 내 제품이 어떤 제품이며 특히 장점이 무엇인지, 왜 이것을 개발하게 되었는지, 경쟁사 제품과는 어떻게 다른지를 자신감 있게 설명해야 합니다. 카메라의 뜨거운 시선에도 대중들을 향해 충실히 설명할 때 많은 소비자와 업계의 관계자분들은 제품을 이해하고 확신을 가지게 됩니다.

두 번째는 스토리텔링입니다. 내 제품을 만드는 동안 어떤 스토리가 있었는지, 어떤 에피소드와 개발 히스토리가 있었는지는 많은 분들의 관심 포인트입니다. 소비자들은 일반적으로 제품의 개발 스토리에 관심을 갖지만 특히나 우리에게 친숙한 식품의 개발 스토리는 더욱더 관심을 갖고 들으려 합니다.

세 번째는 문맥에 맞는 설명입니다. 과거에 HMR 제품 중 하나였던 '비비고 미역국'을 런칭하기 위해, 소비자의 반응을 점검하고 시장조사 차원에서 일본 코스트코를 잠깐 방문하고 온 적이 있습니다. 다음 날 기자 간담회를 할 때 "글로벌 성장을 위해 이 상품의 타깃으로 일본 소비자들도 검토하고 있습니다"라고 말했습니다. 그러나 다음 날 중요 매체의 기사는 다음과 같았습니다.

"제일제당 신규 사업 일본 진출"

저의 의도와는 다르게 기사를 만들어서 쓰신 것입니다. 자극적인 헤드라인을 원하는 기자들과의 미팅에서 마케터는 한마디 한마디에 신중해야 합니다. 친절한 배경 설명과 문맥에 맞는 상세한 언급이 병행되는 것이 중요합니다.

마케터라면 카메라에 익숙해지고 언제 어디서든 사업 비전이나 제품의 특장점을 설명할 수 있어야 합니다. 늘 준비된 자세로 카메라에 불이 들어오면 자신이 담당하는 것을 짧고 간결하게 얘기할 수 있어야 합니다. 마케터라면 시장의 트렌드를 전망하고, 맡은 제품을 향한 열정을 보여줄 수 있어야 합니다. 마케터를 향한 카메라의 불은 언제든 켜지기 때문입니다.

TIP

마케터는 준비된 자세가 중요하다. 시장의 흐름, 제품의 특장점, 사업 전망에 대해서 평소에 늘 고민하고 어디서든 대중들과 소통할 준비를 해야 한다.

18

당신의 페이스메이커는
누구입니까

저는 부장 때부터 이런저런 OB(old boy) 모임에 나가기 시작했습니다. 일찍 퇴사한 선배들의 모임이라 모임에서는 사무실에서는 절대로 말해주지 않는 선배들의 퇴직 노하우를 은밀하게 배울 수 있었습니다. 상품기획을 하던 분들의 모임인 '상상재' 선배들은 꽤나 재미있고 서로 친밀했습니다.

"주은 님! 퇴직은 말이야, 절대로 사표를 먼저 쓰면 안 돼."

"부장 때는 스스로 나오지 말고 짤려야 실업 급여를 받을 수 있거든. 그런 일이 생기면 꼭 연락해. 선배가 알려줄게." 농담 반 진담 반으로 정보를 주던 선배는 상사와 잘 맞지 않아서 부장 때 일찍이 퇴직하신 분이었습니다. 후배들에게는 누구보다 친절하고 무엇이든 가르쳐 주시던 멋진 선배였는데, 생각보다 상사의 부당함은 참을 수 없는 성격이었나 봅니다. 저는 그 모임에서 막내였습니다. 모임의 멤버 중에는 나이 지긋한 식품업계 고위 임원도 계셨고, 퇴직 후 자유로운 시간을 보내는 선배도 계셨습니다. 여기저기 회사를 옮겨 다니던 선배, 식품 관련된 창업을 하면서 자신의 영역을 만들어 가는 선배도 계셨습니다.

선배들은 사내외에서 네트워크를 적절히 꾸려가는 법도 자세히 알려주었고, 저는 그때마다 인간관계는 어떻게 맺고 끊어야 하는지, 세상 밖은 얼마나 혹독하고 치열한지 간접적으로 경험할 수 있었습니다. 이직 경험이 많은 선배는 중소기업 오너들의 속성은 어떠하며, 사람을 어떻게 채용하고 퇴사하게 하는지도 알려주셨습니다. 그저 한 회사만 꾸준히 다닌 저에게는 새롭고 흥미진진한 이야기였습니다. 오랜 시간 한 회사에 있다 보면 이런저런 갈등상황이 많은데, 앞서 경험한 선배들의 생생한 이야기를 들으면 재미있고 용기도 생겼습니다. 제 허심탄회한 얘기를 한참 듣던 선배들이 "이주은 님, 그래도 제일 좋은 회사가 CJ야. 주은 님이 우리들의 희망 아니야? 어떻게든 버텨봐"라고 말할 때는 마치 우리 막내가 잘 버텨주기만을 바라는 오빠, 삼촌들 같았습니다.

많은 분들의 코칭과 사랑을 받아서인지 저는 그 모임에서 유

일하게 끝까지 한 회사에서 버틴 사람이 되었습니다. 그리고 많은 선배들의 열망처럼 드디어 임원이 되었습니다. 그간 식사 때마다 얻어먹기만 한 게 미안하기도 하고 그저 후배라는 이유로 챙겨주기만 하는 선배들에게 처음으로 고기를 사드리는 기회를 얻게 되었습니다. 즐거운 마음으로 고깃집을 예약하고 선배들에게 고기를 사게 되니 얼마나 기분이 좋은지 몰랐습니다. 그날따라 고깃집에는 많은 사람들이 방 안 가득 들어차 있었고, 다닥다닥 붙어서 고기를 먹는 시간은 우리만의 축제와도 같았습니다. 평소 친하게 농담을 잘 하시던 고참 선배께서는 "우리 주은이가 드디어 임원이 되었구나. 열심히 일하고 계속 승진해. 나는 오래오래 고기 얻어먹고 싶어." 하시면서 활짝 웃으셨습니다. 마음이 뿌듯하고 뭔가 이 모임에 기여한 것 같은 기분이 들어서 자랑스럽고 행복했습니다.

다음 날 회사에 출근한 저는 여느 때와 다른 기분을 느꼈습니다. 같이 일하던 선배들은 모두 떠났지만, 회사 밖에 너무도 든든한 지원군이 있다는 사실을 깨달았기 때문입니다. 시간이 지나고 연차가 올라갈수록 동기들이 하나둘 빠져나가고 점점 고독한 직장생활이 되었지만, 그럴 때마다 회사 밖의 선배님들을 생각하며 버텼습니다.

회사가 지옥 같다고 생각하는 사람들도 많을 것입니다. 그러나 회사가 없었으면 이렇게 좋은 선배들도 만나지 못했을 것입니다. 회사의 좋은 선배는 인생의 활력이자 선물이라고 생각합니다. 그분들이 있었기에 제가 있었고, 그분들의 사랑으로 오래도록 한 회사에서 버틸 수 있었습니다. 저는 힘든 일이 있을 때마다 선배들이 주신 경험담과 지혜를 떠올리면서 정글 같은 직장생활을 헤쳐나갔습니다.

또 하나의 모임은 신규사업을 하던 조직의 모임이었습니다. 회사는 설탕, 밀가루와 같은 소재형 사업과 상온 유통 중심의 가공식품이 주된 사업이었는데, 냉장 인프라를 구축하는 신선 사업 조직이 새로 생겼습니다. 당시 신선 사업의 멤버들은 신규 사업을 키워야 하는 비전이 있었던 만큼 특공대같이 전투적이고 도전적인 분들로 구성되었습니다. '신선인'이라고 불렸던 그 모임은 말 그대로 신선 사업을 이끌던 선배들의 모임이었습니다. 퇴직 임원들 위주로 구성이 되었는데 어느 날 현직 임원인 저도 자연스럽게 초대되었습니다. 그 모임에는 신규 사업 경험이 있는 분들이 많았던 만큼 퇴직 후 동종업계 다른 회사의 경영진이 되신 분들이 많았습니다.

"요즘 식품업계 분위기는 어때요?" "모 회사가 이런 사업을 벌이는데 분위기가 어떤 거 같아요?" 모임에 참여하면서 업계 전반의 이야기를 들을 수 있었고, 자연스럽게 식품의 최신 트렌드를 알게 되었습니다. 제가 맡고 있지 않은 카테고리에 대한 이해도를 높일 수 있었으며, 다양한 미래 사업에 대한 고민도 할 수 있게 되었습니다. 회사 안에서 내 제품에만 몰입하던 시선이 확장되는 것을 느꼈습니다. 선배들은 다양한 주제의 이야기를 해주셨고 우물 안 개구리 같은 저의 삶에 자극이 되는 신선한 정보들을 넣어주셨습니다. 모임에서 돌아오는 길에는 늘 '나도 후배들에게 도움이 되는 선배가 되어야겠다'고 생각했습니다.

우리는 살면서 많은 분들을 만나고 갖가지 모임에 소속됩니다. 저에게는 직장을 통한 인연으로 많은 동기, 선후배 모임이 생겼습니다. 지나고 보니 그분들은 나의 오랜 버팀목이었습니다. 제가 선배가 되고 동기들이 하나둘 떠나고 나니, 마라톤 같은 긴 레이스에 더 이상의 페이스메이커가 없다는 것을 느꼈습니다.

28년이라는 직장생활은 초·중·고 학창시절을 두 번 보낸 것보다 긴 시간이었는데, 다행히 상당한 시간 동안 저에게는 항상 멋진 페이스메이커가 있었습니다. 그들은 친한 동료이기도 했고 가까운 선후배이기도 했습니다. 그러나 시간이 지나 임원이 되고부터는 더 이상의 페이스메이커가 없었습니다.

기차를 타고 달리다 보면 창밖의 건물들이 산과 들로 바뀌어가는 것을 본 적이 있을 것입니다. 시간이 가면서, 마치 저는 가만히 있는데 주변 배경이 서서히 바뀌고 있는 느낌이었습니다. 한 직장에서 오래 생존한다는 건 세대가 바뀌는 것을 목도해야 하고, 선배의 퇴거를 지켜봐야 하며, 수명이 다하고 있음을 나도 모르게 느끼는 것입니다. 오너가 아닌 이상 모든 직장인들은 끝이 있으며, 끝이 있기에 후배들의 시대라는 새로운 시작이 있는 것입니다.

회사를 나오고 알게 되었습니다. 저는 그저 선배들의 사랑을 받기만 한 사람이었다는 것을. 후배들에게 보다 따뜻하게 해주지 못한 것이 아쉬웠습니다. 직장은 생물과 같아서 한 세대가 끝나면 다음 세대가 등장하고, 그 세대가 끝나면 그다음 세대에게 바통을 넘겨주어야 하는 곳입니다.

그래서 회사를 나온 뒤 몇 개의 모임을 만들었습니다. 바쁘다는 이유로 잘 챙기지 못 했던 후배들이 하나둘 모이기 시작했습니다. 모임의 이름도 만들고 정기적으로 만날 수 있는 시간도 정했습니다. 업무에 있어서 냉정했던 저이지만 이제는 편한 언니처럼, 누나처럼 인생의 선배 역할을 하고 싶습니다. 퇴직 이후 어떻게 살아야 하는지에 대해 그동안 선배들에게 배웠던, 그리고 내가 겪은 노하우도 하나둘 가르쳐주려 합니다.

마음이 맞는다면 직장 모임은 지루한 회식이 아닙니다. 따뜻한 위로가 되는 식사입니다. 삭막한 직장에도 오아시스 같은 선배가 있고, 칼바람 부는 경쟁사회에도 마음 따뜻한 친구가 있습니다. 저의 직장생활에는 남보다 빠른 승진도 있었지만 퇴사를 고심하던 슬럼프도 많았습니다. 그러나 매순간 주변 분들이 손을 잡아주어서 힘을 낼 수 있었습니다.

심한 슬럼프에 빠져 있던 어느 날, 선배가 해준 말이 기억납니다. "승진이 빠르면 적이 생기고, 승진이 늦으면 친구가 생겨." 그분은 늦은 나이에 임원이 되셨지만 동기들 중 가장 오래 직장생활을 하셨습니다. 슬럼프가 오면 그분의 말씀을 생각하며 일어섰습니다.

내가 먼저 손을 내밀고 다가간다면 내 주변에는 나를 기다리는 사람들이 많이 있습니다. 여러분 직장생활의 페이스메이커는 누구입니까? 하루를 열심히 살고 한 달을 꾸준히 보내며 월급을 받는 직장생활이었지만, 가끔은 빛나는 날이 있었습니다. 사랑스러운 후배들과 동료가 있어서 마음에 아름다운 호수가 보이는 날들도 있었습니다.

TIP

직장생활에는 함께 뛸 수 있는 페이스메이커의 존재가 중요하다. 하루, 한 달, 일 년의 시간을 보내는 동안 진실한 선후배, 동기들은 나의 버팀목이 되어준다. 그들은 나를 지지해주고, 나를 성장시켜준다.

19

대한민국의 식탁을
바꾸겠습니다

　제일제당에는 해마다 좋은 성과를 낸 사업부문에 시상을 하는 'CJ 어워즈'라는 제도가 있습니다. 우리나라 최초의 즉석밥이었던 '햇반', 세계인의 제품이 되고 있는 '비비고 만두' 같은 제품들이 이 'CJ 어워즈'를 통해 성과를 인정받고 수상하곤 했습니다. 회사마다 연간 경영 성과에 따라 시상을 하는 제도가 있지만, 소비재를 다루고 있는 CJ는 해마다 히트한 상품들이 상을 받는 경우가 많았습니다.

　2015년부터 시작된 식품 HMR 트렌드는 대한민국의 밥상을 큰 폭으로 바꾸고 있었습니다. 과거에 레토르트로 불렸던 편의식 제품들이 보다 좋은 품질로 업그레이드가 되어 '비비고 육개장' 같은 제품으로 출시되었고, 국물 요리와 더불어 간편하게 먹을 수 있는 '햇반 컵반', '비비고 죽' 등이 HMR의 대표적인 제품이 되었습니다.

2018년 CJ 어워즈의 주인공은 제가 맡고 있던 HMR 사업이었습니다. 정성스럽게 일일이 양지살을 찢고 오랜 시간 깊이 우려낸 육수로 맛을 낸 '비비고 육개장', 밥과 소스가 같이 들어 있어서 언제 어디서나 간편하게 먹을 수 있는 '햇반 컵반' 같은 제품들이 그해의 고성장 성과를 만들었습니다. 저는 가정간편식 사업부장을 맡고 있었고, 사업의 성과로 CJ 어워즈 '온리원 대상 성과창출상'을 받게 되었습니다. 한 해에 한 번 가장 영예로운 시상식의 주인공이 된 것입니다. 수많은 임직원들이 바라보던 2018년 5월, 저는 떨리는 마음으로 무대에 섰습니다.

그날 시상식에는 많은 임직원들이 잔뜩 긴장한 얼굴로 단상을 바라보고 있었고, 저보다 앞서 호명된 한 분 한 분의 수상소감이 들릴 때마다 긴장되어 입이 바짝바짝 말랐습니다.

드디어 제 이름이 호명되고, 저는 천천히 무대 위 단상으로 올라갔습니다. 그리고 청중을 향해 말하기 시작했습니다.

"오늘 아침에 여러분은 무슨 국을 드시고 오셨나요?"

"여러분의 저녁 식탁에는 어떤 메뉴를 올려놓으려고 하시나요?"

"그동안 한식으로 밥상을 차리려면 한두 시간씩은 준비하는 시간이 걸렸습니다. 이제는 10분 이내로 보다 간편하면서도 맛있게 먹을 수 있는 제품을 출시하게 되었습니다. 비비고 육개장의 탄생으로 여러분은 남는 시간을 가족들과 보다 편안하게 보내실 수 있습니다."

"이런 제품을 만들어주신 연구원 여러분, 지금 이 시간에도 공장의 라인에서 물건을 생산하시는 생산 현장직 여러분들, 식품 매장에서 목이 터져라 우리 제품을 설명하는 엠디원 여러분들 진심으로 감사드립니다."

"저는 대한민국의 식탁을 바꾸겠습니다. 그리고 대한민국을 넘어 세계인의 식탁을 바꾸겠습니다."

수상 소감을 정신없이 말하고 단상을 내려왔습니다. 어디서 나온 용기인지, 무슨 말을 어떻게 했는지, 횡설수설한 건 아닌지…. 제가 했던 말 중 기억나는 구절은 '대한민국의 식탁을 바꾸겠다는 것' 뿐이었습니다.

대한민국의 식탁과 관련한 이야기에는 신입사원 시절 선배님과의 추억이 있습니다. 제가 사원이던 시절은 한창 상품기획과 마케팅을 배우던 때였고 서투른 실력으로 선배들에게 하나하나 코칭을 받던 시기였습니다. 저랑 가까워서 사수와도 같았던 대리님은 어느 날 술자리에서 질문을 하셨습니다. "이주은 씨는 왜 이 회사에 입사했어요? 꿈은 뭐예요?" 갑자기 훅 들어온 질문을 받은 저는 뭐라 뚜렷하게 대답을 못했던 것 같습니다. 그 선배는 동료들에게 인기가 많아 퇴근시간에는 항상 소리 없이 사라지곤 했습니다. 술도 워낙 좋아해서 많은 사람들과 잘 어울리던 사람 좋던 선배는 늘 마케터로서 철학적인 것을 가르쳐주려고 노력했습니다. 저는 늘 장난스러웠던 그 선배가 어떤 목표를 가지고 직장을 다니는지도 잘 알아차리지 못했습니다.

선배는 그날따라 진지한 질문을 하더니 술이 조금씩 취해가면서 이렇게 말했습니다. "주은아, 나는 네가 이 일을 오래도록 계속하면 언젠가는 대한민국의 식탁을 바꿀 수 있을 거라고 생각해.""우리가 하고 있는 일은 그런 일이야." 그 말을 듣고 순간적으로 온몸에 짜릿한 전율을 느꼈습니다.

그저 식품을 전공해서, 좋은 회사라서, 마케팅을 알고 싶어서 일하고 있던 저에게 그 선배의 한마디는 그날 이후로 제가 이 일을 꾸준히 하게 만드는 하나의 동력이 되었습니다. 일이 힘들거나 조직에서 갈등이 있거나 회사가 나를 알아주지 못하는 수많은 시간 동안 저는 그 생각을 했습니다. "내가 이 일을 십 년, 이십 년 꾸준히 계속한다면 언젠가는 대한민국의 식탁을 바꿀 수 있을 거야." 그렇게 오랜 시간 동안 한 줄기 힘이 된 그 생각을 나는 비로소 사업부장이 되고 'CJ 어워즈'라는 무대에 올라서야 사람들 앞에서 자신 있게 말할 수 있게 된 것입니다.

거창한 'CJ 어워즈'의 시상식 행사가 끝나고 며칠 뒤, 경영진으로부터 특명이 내려왔습니다. '이제부터는 대한민국의 식탁을 바꾸는 일을 해야 합니다!'라는 메시지가 들려오기 시작했습니다.

저는 좀 당황스럽고 잘못 말한 것은 아닌가, 잠시 두렵기도 했습니다. 그러나 그동안 마음속에 품고만 있던 생각이 전해진 것 같아 기뻤습니다. 어찌 됐건 그날 이후로 회사 내에서는 대한민국 국민의 식탁을 바꿔야 한다는 이야기가 퍼지기 시작했고, 당시 진천 지역에 큰 햇반 공장을 짓고 있었는데 그 햇반 라인이 있는 공장은 '대한민국 국민들의 밥솥'이 되어야 한다는 이야기도 나오기 시작했습니다. 그때부터 제일제당은 어떻게 대한민국 식탁을 바꿀 것인지, 더 나아가 세계인의 식탁을 어떻게 바꿀 것인지를 보다 체계적이고 빠른 속도로 연구하고 만들어가기 시작했습니다.

TIP

열망과 비전을 가지고 자신의 일을 사랑하라. 그리고 그 열망을 표현하라. 오랜 시간 꿈을 가지고 도전하면 언젠가 성취의 순간을 만난다. 마음속에 작은 꿈의 나무를 심자.

3장

상품기획자의 하루

20

성공하는 제품은
어떻게 만드는가

마케터라면 시장에서 성공하는 제품을 어떻게 만들 것인지 늘 고민합니다. 세상 사람들 누구나 성공하는 제품을 만들 수 있다면 실패하는 사업도, 망하는 자영업자도, 허덕이는 협력업체 사람들도 없을 것입니다. 성공하는 제품을 어떻게 만들 것인지는 모든 마케터들이 갖는 매일의 고민입니다. 저도 28년이라는 긴 직장생활 속에서 수많은 상품을 기획하고, 만들고, 실패를 거듭했습니다. 제일제당이라는 탄탄한 기업을 베이스로 하여 비교적 많은 상품을 기획할 수 있었고, 다양한 실패도 경험할 수 있었습니다.

오랜 시간 마케팅을 하면서 느낀 것은 제품 성공에 가장 중요한 요인 중 하나가 타이밍이라는 것입니다. 시대가 요구하는 메가 트렌드와 제품의 출시가 절묘하게 들어맞을 때, 상품의 경쟁력이 주변의 대체 상품보다 확실한 우위의 경쟁력을 가지고 소비자의 관심을 끌어당길 때, 시대적인 화두에 맞는 콘셉트와 특징을 소비자의 언어로 소통할 때 비로소 성공하는 것이 아닌가 생각합니다.

타이밍과 더불어 28년 마케팅을 하면서 느낀 성공하는 제품의 주요 조건을 정리해보았습니다.

첫 번째 조건은 콘셉트입니다.

나만의 콘셉트로 독특하고 남들의 눈길을 끌 수 있는 스토리, 사람들의 욕망을 자극하는 상품, 기존에 보기 어려웠던 대체 불가의 서비스 등을 먼저 구상해보는 것입니다. 평소에 하고 싶던 사업이나 제품, 또는 자신이 만든 브랜드라면 독창적이고 차별적인 이미지를 만드는 것이 중요합니다. 콘셉트를 한 줄의 문장으로 정리할 수 있으면 이미지가 명확해집니다. 소비자에게 한마디로 이 상품을 무엇이라고 소개할 수 있는지 고민하는 것이 시작입니다. 상품은 그 콘셉트가 기존에 소비자가 가지고 있던 불만을 해결하거나 지금 팔리고 있는 제품과는 확실히 다른 차별화 포인트를 가질 때 경쟁력을 갖추게 됩니다.

두 번째는 시장조사입니다.

평소에도 소비자의 관점으로 '남들은 사업을 어떻게 하고 있지?' 하는 의문을 가지고 늘 시장을 살펴봐야 합니다. '경쟁사의 제품 경쟁력은 무엇일까?' '가격전략은 무엇인가?' '타사의 제품은 어떤 면에서 소비자가 매력을 느끼는 것인가?' 하는 질문에서 새로운 상품이 탄생합니다. 음식점을 하나 차려도, 카페를 작게 시작해도 시장을 맹렬하게 조사해야 하는 것은 마케팅의 필수조건입니다. 시장이 규모가 커지는 성장형 사업이라면 흐름에 따라서 같이 키워나갈 수 있지만, 진입하고자 하는 사업이 시장 규모가 줄어드는 사양사업이라면 웬만한 차별화 포인트가 없이는 성공하기가 쉽지 않기 때문입니다. 시장성은 향후 진입 카테고리의 바로미터이며 미래수요를 예측하는 기반이 됩니다.

세 번째는 경쟁상황 분석입니다.

용기형 죽밖에 없는 시장에서 새롭게 파우치 형태의 '비비고 죽'을 내놓기 위해 마케팅팀에서는 경쟁사에 대한 철저한 분석이 필요했습니다. '비비고 육개장'을 만들 때는 수많은 음식점을 다니면서 각 제품의 종류별로 맛과 품질, 가격에 대한 끊임없는 연구를 했습니다. 우리가 개발하는 시제품을 음식점에서 한 그릇에 13,000원 하는 육개장, 15,000원 하는 갈비탕과 어떻게 다르게 만들 것인가 고민했습니다. 이를 위해서는 치열하고 꾸준한 관찰력을 기반으로 지속적인 경쟁시장 분석을 통해서 개발하는 제품의 포지셔닝을 결정해야 합니다.

네 번째는 누구에게 팔 것인가입니다.

소비자를 먼저 이해하는 것, 예를 들어 타깃층이 30대 주부인지, 20대 젊은 대학생 여성인지, 50대 남성인지. 우리는 고객이 누구인지 끊임없이 질문하고 탐구해야 합니다. 그간에 해온 시장조사, 경쟁사 분석을 통해서 소비자의 욕망을 읽어야 합니다. 요즘은 나이로만 고객을 분석할 수 없습니다. 40대 싱글도 많고 20대 자녀가 있는 가정도 많습니다. 고객의 라이프 스타일 분석을 통해서 소비자는 어떠한 성향의 구매패턴을 가지고 있는지, 그들이 하나의 제품을 구매한 후 연관해서 같이 사는 제품은 무엇인지까지도 파고들어가야 합니다. 요즘은 소비자가 지난밤에 무슨 드라마를 보고 어떠한 것을 샀는지까지 알고리즘으로 파악하는 시대입니다. 나도 모르게 스마트폰에 관심 상품을 소개하는 사이트가 팝업 창으로 떠서 당황했던 기억이 많이 있을 것입니다. 데이터를 기반으로 제품에 맞는 목표 타깃을 명확히 해야 성공의 확률을 높일 수 있습니다.

마지막으로 위에서 언급한 각각의 분석이 잘 된 이후에는 마케팅 전략이 중요합니다.

잘 만들어진 콘셉트를 어떠한 가격에 판매할 것인지, 어느 채널을 집중적으로 공략해서 수요를 만들 것인지, 소비자에게 커뮤니케이션을 할 때는 어떠한 마케팅 툴을 사용할 것인지를 결정해야 합니다. 공중파 광고로 범용적인 소비자 수요를 만들지, 디지털 광고를 통해 타깃에 포커싱한 마케팅을 할 것인지를 정하는 것이 중요합니다. 잘 만들어진 상품이나 서비스를 어떻게 설명하고 소비자의 손에 닿게 할 것인지 전 여정을 같이 고민하고 전략적으로 접근해야 하는 것입니다.

넘쳐나는 정보의 홍수 속에서 내가 잘 알지 못하는 제품은 좋아할 수도 싫어할 수도 없습니다. 나의 제품과 서비스를 알게 하는 것, 그것은 화려한 모델이 나오는 광고를 통해서일 수도 있지만, 매장에서 판매하시는 분들의 친절한 한마디 권유에서 출발할 수도 있습니다. 단순하게는 그저 가격표에 있는 '1+1'의 가격 행사가 구매의 출발이 될 수도 있습니다.

콘셉트를 잡은 제품을 어떠한 매대에 진열할 것인지, 첫 번째 칸에 제품이 진열될 것인지, 건너편 엔드 매대에서 거대한 행사를 할 것인지, 그저 고객이 한 바퀴 돌고 나오는 모퉁이에 보일 듯 말 듯하게 제품을 놓을 것인지 매대 진열 전략에 따라 제품의 경쟁력도 좌우되는 것입니다.

온라인에 집중적으로 판매하는 상품이라면 타깃에 맞는 플랫폼은 어디인지를 정하고, 어떠한 메시지의 배너 광고를 할 것인지, 배송은 어떻게 할 것인지가 중요합니다. 고객의 마음을 움직이는 콘셉트 메시지가 어떻게 조금씩 소비자의 마음속에 스며들게 할 것인지 마케팅 전략이 정교하고 치밀할 때 우리는 비로소 대형 신제품을 만들 수 있고, 성공하는 사업을 만들어갈 수 있는 것입니다.

성공하는 제품은 타이밍이 중요하다. 명확하게 설명하는 한 줄의 콘셉트, 철저한 시장조사, 디테일한 경쟁사 분석, 목표 타깃의 명확한 설정, 성공하는 제품은 이를 통한 치밀한 마케팅 전략을 통해서 탄생한다.

21

달라야 산다,
'백설 파스타 소스'

2011년 말 이야기입니다. 그 당시 백설 브랜드에서는 리뉴얼을 통해 브랜드 콘셉트를 새롭게 정비하고 소비자에게 새로움을 주기 위해서 핵심 카테고리 두 가지를 선정했습니다. 하나는 트렌디한 메뉴 확장을 위한 '프리믹스' 또 하나는 양식메뉴 확장을 위한 '백설 소스'였습니다.

프리믹스는 핫케익 믹스나 케이크 믹스처럼 완성된 제품을 만들기 위한 사전단계로 여러 가지 재료를 섞어서 간편하게 만드는 편의형 제품입니다. 프리믹스는 아이들이 좋아하는 간식을 손쉽게 만들어 먹는 소재형 제품으로 엄마들에게 인기가 있었습니다. 백설 소스는 파스타 소스처럼 다른 재료와 함께 요리를 만들기도 하고 스테이크 소스처럼 디핑소스 용도로도 다양하게 출시되고 있었습니다. 이런 제품들의 변화를 통해서 백설은 설탕, 밀가루, 식용유가 만들어준 오래되고 친근한 이미지에 새로운 변화를 만들 수 있었습니다.

저는 당시 백설 소스팀장을 맡고 있었고 다양한 요리의 맛을 내는 굴소스, 우스타 소스, 스테이크 소스 등의 제품을 담당했습니다. 소스 시장의 여러 카테고리를 살펴보다가 시장 규모가 커지고 성장이 좋은 카테고리가 파스타 소스라는 것을 알게 되었습니다. 트렌디한 파스타 소스 상품개발을 통해서 소스 시장을 변화시키고 키워봐야겠다고 생각했습니다. 파스타 소스에 대해서 많은 고민을 하면서 여기저기 파스타 요리 전문 레스토랑을 다니게 되었습니다. 맛집을 다니면서 제가 성공하는 제품을 만들기 위해 첫 번째로 가장 고민했던 것은 '기존 시장의 일반적인 파스타 소스 제품과 앞으로 출시하게 될 신제품은 무엇이 달라질 것인가? 무엇으로 소비자에게 최초가 될 것인가?'였습니다. 당시 파스타는 소개팅하는 많은 남녀들이 비싼 이태리 음식점에서 고급스러운 분위기와 세련된 조명 아래서 먹는 메뉴였습니다. 사랑하는 남녀가 잘 차려진 옷을 입고 레스토랑에서 즐거운 시간을 보내는 것은 젊은 연인들의 데이트 필수 코스였습니다.

저는 상품을 기획하는 사람으로서 상품에서 가장 중요한 것은 본질적인 제품의 맛이라고 생각했습니다. 파스타 소스는 토마토 원물의 함량이 높으면 맛있기 때문에 연구원들과 힘을 합해 국내 최초 토마토 함량 70.6%라는 '토마토 파스타 소스'를 개발하게 되었습니다. 지금도 숫자가 생생하게 기억나는 것은 경쟁사와 다르게 '토마토 함량이 70%를 넘겨야 최대 함량이 된다'는 당시의 치열한 고민이 있었기 때문입니다. '백설 파스타 소스'는 그 당시 소스 시장에서 영향력 있는 변화를 일으켰고, 많은 분들이 집에서도 고급 레스토랑에서 먹던 제품을 맛볼 수 있게 되어 단기간에 빠른 매출 성장을 이뤘습니다.

성공하는 제품을 만들기 위해 두 번째로 다르게 생각했던 것은 '토마토 파스타 외에 어떤 제품이 나와야 최초가 될까?' 하는 것이었습니다. 레스토랑에는 수많은 사람들이 크림 파스타를 먹고 있었는데 국내 시장에서 상품화된 제품으로는 토마토 파스타밖에 없다는 것이 떠올랐습니다. '나는 집에서도 크림 파스타를 먹고 싶은데 왜 식품 매장에는 토마토 파스타밖에 없을까?' 그때 연구원들과 이 문제를 해결하기 위해서 매일 오랜 시간 회의를 하였습니다. "외식 레스토랑 메뉴인 크림 파스타 소스도 한번 개발해보면 어떨까요? 그러면 우리 회사가 최초가 될 것 같은데…." 그러자 오랜 기간 소스를 개발해왔던 연구원들은 "크림은 시간이 지나면 소스의 물성이 깨집니다. 소스가 두

층으로 상하 분리가 일어나고 유화가 깨져요"라고 말하며 모두가 고개를 저었습니다. 세상에 없는 새로운 제품을 개발하는 것은 모험이었고 다들 두려웠던 것입니다.

그러나 연구원 중에서도 저와 같은 생각을 품고 새로운 것에 도전하고 싶어 하는 분이 한 분 계셨습니다. 식품공학을 전공한 이론 중심의 기존 연구원이 아닌 셰프 출신의 도전적인 연구원이었던 그는 "제가 한번 해보겠습니다. 집에서 마요네즈를 만들어 먹는 것처럼 원료 배합과 공정을 잘 설계해보면 될 수도 있을 것 같아요"라고 말했습니다. 모든 연구원들이 힘들다고 할 때 저와 같이 결심을 해준 유일한 연구원이었습니다.

오랜 시간 상온에서 크림 파스타 소스를 구현하는 것은 고통스러운 시간들이었습니다. 유화가 깨지기도 하고 크림이 분리되기도 하는 와중에도 실험은 여러 차례 반복되었습니다. 저는 기다리는 동안 두렵기도 하고 괜히 어려운 일을 벌인 것은 아닌가 하는 후회가 들기도 했습니다. '기존 방식으로 하던 제품만 잘 개발하면 런칭하는 것도 어려움이 없는데 왜 사서 고생을 하는 걸까?' 하고 생각하기도 했습니다. 그러나 시장에 이미 존재하는 식품은 만들기 위해 노력을 해봐야 그 가능성을 알 수 있고, 식품 마케터로서 우리가 레스토랑에서 먹고 있는 것은 언젠가는 모두 상품화가 가능하다는 신념을 버릴 수가 없었습니다. 어려움 속에서 수개월의 시간을 보냈습니다.

그러던 어느 날 그 연구원에게서 전화가 왔습니다. "이주은 팀장님! 이제 크림 파스타 소스도 가능할 것 같아요!" 저는 뛸 듯이 기뻤습니다. 우리가 오랫동안 먹고 있는 크림 파스타 소스가 이제 제품으로 구현이 된다면 고급 레스토랑의 많은 수요가 우리에게 올 수 있다는 희망을 느꼈습니다. 마케터로서 가장 흥분되고 즐거운 순간이었습니다.

몰입이란 세상에 없는 것을 만들 때, 다른 누구도 생각하지 못하는 것을 꿈꿀 때 생기는 힘입니다. 불가능은 없다는 신념으로 다양한 실험을 해본 연구원의 도전적인 생각을 통해 우리는 국내 최초로 상온에서도 변치 않는 크림 파스타 소스를 출시할 수 있었습니다. 소비자들은 처음으로 출시된 크림 파스타 소스의 맛에 빠져들었습니다. 고소한 맛이 나면서 고급스러운 화이트 컬러로 된 이 제품은 토마토 파스타만 먹던 사람들에게 새로운 메뉴의 경험이라는 기회를 주었습니다.

파스타 소스의 마케터로서 새로운 시도는 그 외에도 한 번 더 있었습니다. 잘 만들어진 이 제품을 어떻게 소비자에게 알려야 할까? 좋은 제품은 소비자가 알아야 구매를 하게 됩니다. 잘 만들었어도 소비자에게 인지시키지 못하면 고객들은 제품을 이해할 수 없습니다. 크림 파스타 소스를 놓고 가장 고민했던 것은 '이 좋은 제품을 어떻게 알릴 수 있을까?'였습니다.

그때 막 떠오르기 시작했던 〈마스터셰프 코리아〉라는 요리 프로그램이 있었습니다. 유명한 셀럽이나 요리 전문가들이 나와서 매회 제품을 가지고 경연을 하는 프로그램이었습니다. 프로그램을 통해서 서바이벌 대항전을 벌이고 새로운 요리의 창작을 선보였던, 지금은 대중화된 요리 서바이벌 프로그램의 효시였다고 생각합니다.

저는 새로운 제품인 '백설 크림 파스타 소스'를 당시에 새로운 유행이 되고 있던 마스터 셰프 코리아에 협찬하기로 결심했습니다. 신제품이라 잘 알려지지 않았던 제품을 전문 셰프나 요리 전문가들이 평가해주고 참가자들이 다양한 메뉴에 응용해준다면 자연스럽게 소비자들의 제품 이해도를 높일 수 있을 거라 생각했습니다. 큰 팬트리 안에 가득 찬 크림 파스타 소스로 각종 메뉴를 만들며 경쟁하는 장면은 소비자의 눈길을 끌기에 충분했습니다.

소비자들은 프로그램의 성공과 더불어 세상에 처음 나온 크림 파스타 소스를 빠르게 인지하기 시작했습니다. 방송이 나간 후 소비자들이 제품에 대해 관심을 보이면서 매출이 오르기 시작했습니다. 크림 파스타 소스는 양식소스 라인업이 부족했던 소스 카테고리에 기여한 것은 물론 백설 브랜드가 새로워지는 역할도 충실히 해냈습니다. 상온유통 제품으로는 국내 최초로 크림 파스타 소스를 만든 백설 소스팀은 세상에 없는 또 하나의 작품을 만들게 된 것입니다.

　파스타 소스를 만들면서 느낀 것은 '모든 신제품은 무언가 달라야 산다'라는 것이었습니다. 식당에서 흔히 먹는 크림 파스타 소스를 만들기 위해 어려운 기술의 장벽을 뛰어넘어 도전하는 것, 모두가 어렵다고 할 때 일단 시도해보는 것, 그것이 변화를 만드는 작은 출발이란 걸 다시 한번 느꼈습니다.

TIP

신상품을 개발할 때는 기존과 다른 생각을 해야 한다. 토마토 소스에서 크림 소스로 가는 단순한 생각, 그것은 알고 있지만 시도하지 않는 것이었다. 불가능하다는 생각에서 새로움이 멈춘다.

22

생선이 1분 만에
밥상 위로 오다

저는 바닷속 깊은 곳에 있는 수산물들을 무척이나 좋아합니다. 지켜보는 것도 좋아하고 먹는 것도 좋아합니다. 횟집이나 수산시장에 가면 조개, 멍게, 새우 등이 생동감 있게 움직입니다. 비슷한 듯 다르게 생긴 모습을 세세히 들여다보는 시간이 즐겁습니다. 수산물을 먹는 건 나이가 들수록 중요한 단백질을 보충해주고, 소화력이 떨어진 육체에 적지 않은 에너지도 만들어주니 효율적입니다. 수산물은 과하지 않으면서도 약하지도 않습니다. '육식을 먹으면 공격적이 되고, 채식을 먹으면 토끼같이 얌전해진다'라는 속설이 있어서인지, 그 중간 어디쯤에 있는 것 같은 생선과 어패류는 마음이 편해지는 식재료입니다.

식품 마케팅을 오래 하면서 한식, 양식, 중식의 메뉴들을 다양하게 상품화해보았고, 육·해·공의 요리들도 많이 먹었습니다. 원재료가 많이 들어가는 다양한 가공식품도 개발해보았고, 설탕, 밀가루, 장류 같은 소재형 상품들도 연구해봤습니다. 그러나 개인적으로 시간이 갈수록 제품개발과 마케팅에서 흥미가 더해진 분야는 원물과 자연에 가까운 식품들이었습니다. 특히 김, 생선, 쌀밥, 두부같이 원료가 심플하고 인공의 손길이 최소화된 상품들이 좋았습니다. 여러 가지 원료가 섞여 있지 않아 마케터로서 레시피나 제조공정에 대해서는 할 얘기가 별로 없지만, 그러기에 제품에 가치를 부여하는 마케터의 고민이 더욱 절실하고 깊어지기 때문입니다.

마케터로 살면서 자신이 좋아하는 제품을 담당하게 되는 것은 큰 행운입니다. 가공식품의 상품화를 수년간 맡아서 일하던 어느 날, 저에게도 수산 사업을 맡을 기회가 생겼습니다. 전부터 수산 제품 담당을 하고 싶다고 입버릇처럼 말해오기도 했고, 저 스스로도 관심이 많은 분야였습니다.

맡은 일은 맛살, 어묵, 그리고 생선구이를 포함한 여러 형태의 수산 가공 사업이었습니다. 어려서부터 좋아했던 '떡볶이의 친구' 어묵을 연구할 때는 즐거웠습니다. 처음 어묵을 만드는 공장을 갔을 때는, 어릴 적 과자 공장에 가면 모든 것이 신기해서 쳐다보듯 꽤나 정신없이 공장의 라인을 지켜봤습니다. 생선살을 갈아 반죽을 만들고, 반죽을 가공해 노르스름한 어묵이 나올 땐 그 자리에서 집어먹고 싶은 유혹도 느꼈습니다. 어묵 담당자로 일하는 동안에는 일본으로 여행을 가면 휴게소마다 특색 있게 팔리는 어묵꼬치를 종류별로 사먹고, 전문점에서 각종 음식을 넣어 만든 꽃이형 어묵에 푹 빠졌던 적도 있었습니다.

또 하나 맡게 된 관심 품목은 생선구이였습니다. '비비고 생선구이'는 지금도 많은 분들이 어떠한 제품인지 잘 모르는 상품입니다. 고등어, 삼치, 가자미와 같은 원물 생선이 한 팩에 그대로 구워져 있는 제품으로, 전자레인지로 1분만 조리하면 비린내 없이 손쉽게 먹을 수 있는 제품입니다. 처음 이 제품의 아이디어는 일본 시장의 조사를 통해서 나왔습니다. 고령화가 심각한 일본은 우리보다 앞서서 다양한 수산 가공품이 발달했습니다. 지리학적으로 섬 국가이면서 담백한 식문화가 수산요리를 다양하게 진화시켰습니다. 국민 소득이 높아질수록 육류에서 수산물로 소비 패턴이 변해간다는 것은 글로벌 트렌드였고, 선진국에서는 이미 그러한 상품들이 다양하게 나오고 있었습니다.

비비고 생선구이는 국내 최초로 냉장 기술을 도입해서 만들어낸 혁신적인 제품입니다. 일부 유사 형태의 냉동 제품이 중소

업체 중심으로 나오고 있긴 했지만, 냉장 보관으로 생선의 신선한 상태를 유지하면서 상품화된 것은 없었습니다. 원물을 가공하는 체계적인 공정과 생선의 비린내를 제어하는 차별화된 기술 역량이 없으면 실제로 제품 구현이 어렵기 때문입니다.

생선이 손질 없이 1분 만에 밥상에 오른다? 많은 분들이 불가능하게 생각했던 비비고 생선구이는 출시 이후 생각보다 소비자 반응이 좋았습니다. 아이들에게 생선을 먹이고 싶은 젊은 엄마를 중심으로 시장이 형성됐습니다. 비린내 나는 생선 매대에서 고르던 생선을 깔끔한 포장으로 구매할 수 있는 것이 주된 구매 요인이었습니다. 기존에 집에서 직접 조리하는 메뉴 중에 초보 주부들이 가장 어렵다고 생각하는 것 중의 하나가 생선구이 같은 수산물 요리입니다. 수산물은 손질하는 것도 어렵고 만지기 싫어하는 사람도 많았으며, 집 안에 퍼지는 비린내와 연기는 큰맘 먹고 시도하기 전에는 쉽지 않은 과정이기 때문입니다.

상품을 기획할 때는 제품의 맛도 중요하지만 재료 준비, 요리, 뒤처리까지 전체를 생각해 어떤 부분에서 소비자가 불편을 느끼는지를 탐색하는 것이 중요합니다. 소비자가 느끼는 어려운 부분에 솔루션을 제공하면 히트 상품이 될 가능성이 높기 때문입니다. 비린내 걱정, 연기 걱정이 사라지는 생선구이는 단순히 조리의 난이도를 넘어서 소비자에게 새로운 가치를 부여할 수 있었습니다.

　매번 먹을 때가 되면 온 집안의 창문을 열고 환기를 해야 했던 생선구이. 하지만 이제 밥상에는 정갈하게 손질된 비비고 생선구이가 오르게 되었습니다. 저는 제품의 매출 확대를 위해서 핵심 콘셉트를 '연기가 없고, 냄새가 없는 요즘 생선'으로 정했습니다. 옛날 생선은 비린내와 연기가 나지만, 깔끔한 비비고 생선구이는 '요즘 생선'이라는 차별화 콘셉트를 강조한 것입니다. 요즘 생선이라는 메시지를 담은 영상 콘텐츠는 젊은 타깃층의 많은 사랑을 받았습니다. 마케팅 면에서는 과거의 상품과 선 긋기 전략, 차별화 전략이 효과를 만든 것이었습니다.

　또 하나의 성장동력은 온라인 시대에 따른 소비자 구매패턴의 변화였습니다. 온라인 중심의 트렌드에 맞춰 각종 사이트에서 수산물 판매가 시작되면서 그 수요는 폭발적으로 늘었습니다. 디지털 시대는 온라인 횟집에서도 회를 시켜 먹고, 비싼 랍스터도 배달해 먹는 시대가 되었기 때문입니다. 저는 할인점에서는 냉장 매대가 제한적이라 다양하게 진열할 수 없는 수산물들을 온라인에서는 종류별로 골라서 먹을 수 있다는 트렌드에 주목해 온라인 집중화 전략을 시도했습니다. 이 전략이 효과를 보이며 매출이 성장하기 시작했습니다.

그러나 생선구이는 한동안 초기 수요로 잘 팔리고 나더니 정체기가 왔습니다. 월 매출 10억 원의 벽을 넘고 나서 더 이상 수요가 늘어나지 않았습니다. 먹는 사람들만 먹는 제품이 된 것입니다. 저는 많은 고민을 했고, 이럴 때일수록 본질로 돌아가야 한다는 생각을 했습니다. 본질적인 접근을 하려면 소비자를 다시 만나 질문해봐야 한다는 생각이 들었습니다.

매장을 한참 돌아다니며 주변 분들에게 원인을 묻고 소비자 조사를 했습니다. 그러고 나니 알게 되었습니다. 다름 아닌 생선을 먹을 때 나오는 잔가시가 싫었기 때문이었다는 걸 말입니다. 돈 주고 사 먹는 깔끔한 생선인데 가시를 빼 먹는 게 귀찮았고, 특히 어린 자녀를 둔 엄마가 아이에게 먹이려는 상품이었기에 이 부분의 개선이 필요했습니다. 놓치고 있었던 또 하나의 소비자 불편을 찾아낸 것입니다. 이제 손질의 불편함을 넘어 음식이 입에 들어가는 취식 단계에서의 불만까지도 파악되었습니다.

저는 생각했습니다. '이제는 생선의 가시도 빼보자.' 혁신은 자그마한 불편을 개선하는 데에서 출발한다고 생각합니다. 구매 부서에 얘기해서 생선을 좀 더 손질해서 가져올 수는 없는지, 잔가시를 좀 더 제거하고 제조할 수는 없는지 물었습니다. 그러려면 가격이 올라간다는 답변이 돌아왔습니다. 소비자 가격으로 환산해보니 오백 원 정도를 인상해야 했습니다. '가시를 빼는 데 오백 원이나 들다니 이런 가격이 소비자에게 수용이 가능할까?'하는 생각이 들었습니다.

　각 부서의 직원들과 회의를 하게 된 날이었습니다. 회의실에서는 영업 부서의 반대 목소리가 컸습니다. "무슨 생선 가시 하나 빼는 데 오백 원이나 인상이 되나요? 그런 가격이면 판매할 수 없어요." 구매와 생산 부서에서는 "공정도 수정해야 하고 잔가시까지 빼기가 얼마나 어려운데요. 가격을 충분히 올려주셔야 생산 가능합니다. 쉽지 않은 작업이에요"라고 했고, 마케팅 부서에서는 "소비자들한테 생선 가시 빼는 것이 얼마나 중요한데, 저는 제품 나오기만 하면 오백 원 더 주고라도 순살 사 먹을래요"라고 각자의 의견을 표출하기 시작했습니다.

　회의는 한동안 부서 간의 갑론을박이 치열하게 지속되면서 과연 어떤 것이 팔릴지에 대한 공방전이 되었습니다. 마케팅 리더로서 이런 순간에는 늘 고민에 빠집니다. 제품 전체를 관장하고 전략과 실행을 책임지는 자리인 만큼 결정하기가 쉽지 않았습니다. 저는 두 가지 상품 모두의 반응이 궁금했습니다. 어쩌면 제품마다 다른 타깃층이 존재할 수 있겠다고 생각했습니다.

　그러자 새로운 제품을 테스트 상품으로라도 진행해보고 싶은 마음이 생겼습니다. 새로운 콘셉트로 테스트 상품을 판매해보면 전체 수요가 늘어나는지 특정 카테고리의 매출만 잠식되는 것인지를 알 수 있습니다. 저는 "둘 다 판매해보는 건 어떨까요? 소비자는 여러 가지 마음을 가지고 있는 존재입니다. 우리가 생각하는 작은 불편이 소비자에게는 큰 가치일지도 몰라요. 두 가지 제품을 판매해보면 소비자의 니즈를 알 수 있을 것입니다"라고 얘기하며 과감하게 새로운 제품의 출시를 진행했습니다.

그렇게 탄생한 것이 '비비고 순살 생선구이'입니다. 지금도 두 가지 제품을 같이 판매하고 있지만 점점 더 뼈가 없는 순살 제품에 소비자들의 관심이 높아지고 매출이 늘어나고 있습니다. 가시를 제거하는 일에 소비자들이 가치를 부여하기 때문입니다. 작다고 생각했던 불편을 제거하자 소비자들은 반응했습니다.

소비자의 욕망은 끝이 없습니다. 마케터는 시장과 소비자의 불편을 지속적으로 모니터링해야 합니다. 생선구이의 잔가시를 찾아낸 것처럼 마케터는 소비자의 작은 목소리에도 귀를 기울여야 합니다. 불편함을 찾고 이를 개선할 때 새로운 수요를 만들 수 있습니다.

소비자의 작은 니즈를 관찰해야 한다. 생선 잔가시 같은 작은 불만요소가 새로운 기회를 만들 수 있다. 불가능할 것만 같은 제품도 상품화가 되는 것처럼 마케터는 낯선 시선으로 시장과 소비자를 바라봐야 한다.

23

큰 그림을
그리세요

중장기 전략을 수립하는 것과 매일 해야 할 일을 하는 것 중 무엇이 더 중요할까요? 큰 그림을 그리는 가장 좋은 방법은 무엇일까요? 아마도 작은 것을 살피며 오늘 해야 할 일들을 차근차근히 실행하는 것일 겁니다.

오랜 기간 사업을 리드하는 마케터나 사업 전략을 수립하는 사람들은 늘 윗사람들로부터 큰 그림을 그리라는 이야기를 듣습니다. "맡으신 제품의 사업 전략은 어떻게 될 것 같습니까?" "메가트렌드를 읽어야 대형 신제품이 나오는 거 아닐까요?" "중장기 비전은 어떻게 되는 건가요?" "리더가 사업 비전을 제시하셔야지요." "미래 먹거리가 중요하니 큰 그림을 그려주세요." 마케터나 사업전략을 하는 사람들은 일 년에도 몇 번씩 관련 부서로부터 이런 요청을 받고 고민하게 됩니다.

회사의 지속적인 성장을 위해서는 트렌드를 기반으로 해당 카테고리의 미래 시장을 예측하거나 사업전략을 중장기적으로 수립해야 하기 때문입니다.

'매일을 살기도 바쁜데 3년 뒤를 어떻게 예측한단 말인가?' '소비자의 변심은 끝이 없는데 어떻게 미래 사업을 예측하지?' 마케터에게 이 부분은 해마다 다가오는 숙제이자 고민거리였습니다. 조직에는 수많은 부서가 있습니다. 통상적으로 제조업에서는 마케팅에서 방향을 제시해주어야 연구원이 제품을 개발하고 공장은 생산을 하며, 디자인은 제품의 멋진 디자인을 만들고 영업은 물건을 팔게 되는 구조이기 때문입니다. 중장기 사업의 자원 소요 계획을 세우는 부서의 경우는 더욱 많은 궁금증을 가지고 마케터에게 전략을 묻기도 합니다. 마케터가 미래의 청사진을 명확히 제시할수록 사업의 경쟁력은 강화되고 관련된 부서들도 일사불란하게 준비를 할 수 있게 되는 것입니다.

회사에서 늘 큰 그림을 그려야 한다는 압박감에 나도 모르게 답답함을 느낀 어느 날, 아이러니하게도 정말로 그림을 배우고 싶어졌습니다. '나도 그림을 한번 제대로 배워야겠어. 그림을 그리다 보면 큰 그림도 그릴 수 있겠지.' 저는 어떤 그림을 배울

까를 고민하다가 평소에 제가 좋아하는 여행을 그림으로 잘 표현하는 선생님을 만나게 되었습니다. 수많은 여행을 다니면서 기억을 늘 사진으로밖에 남기지 못했는데, 사진을 보면서 그림으로 표현해서 남기는 작업은 저에게 큰 힐링을 주었습니다. 여행 사진 속에는 많은 건물과 풍경이 나오는데, 저는 특히나 쭉 뻗은 길을 그리는 것을 좋아했습니다. 길을 그리면 어디론가 떠날 수 있을 것 같은 생각이 들기도 했고 멀리 있는 건물과 가까이에 있는 사물이 원근법적으로 보이면서 그림을 통해 다각도의 시선이 생기기도 했습니다.

늘 전략을 짜야 하는 직업적인 스트레스, 미래 지향적인 큰 그림을 그리며 많은 부서 사람들을 리딩해야 한다는 책임이 있던 저는, 그림을 그리는 동안 저도 모르게 압박감에서 해방되었고, 세상과 잠시나마 단절되어 생긴 몰입감과 자유로움은 색다른 즐거움을 주었습니다.

몇 달간 정기적으로 그림을 그리다 보니 사물에 대해서 보다 깊이 관찰하는 능력이 생겼습니다. '아~ 저 건물 벽돌 중 세 번째 색깔은 갈색이 조금 붉게 보이는데?' '저 대문 색깔은 차콜이야, 블랙이야?' 건물을 그릴 때 들여다보면 볼수록 미세한 컬러의 차이와 선의 곡선이 보이기 시작했습니다. 저는 큰 그림의 전략 방향을 중심으로 일하던 사람이었는데 어느새 좀 더 세밀하고 디테일한 시각으로 접근하게 되었습니다. 덕분에 일을 할 때는 오히려 사업 전략에 대해 더 정교해지는 것을 느끼게 되었습니다. 제품의 실적을 분석할 때도 '이 제품의 매출은 어디서 나오는 거지?' '도대체 누가 사고 있는 걸까?' '이 제품이 더 잘 팔리는 이유는 뭘까?' '소비자가 선호하는 게 가격만은 아니구나.' 등. 들여다보면 볼수록 다른 인사이트가 생겼고, 그런 인사이트는 의외로 큰 전략을 만드는 통찰력을 주었습니다. 세밀한 소비자분석, 시장분석을 기반으로 만들어진 전략은 과거 전략과는 다른 모습이 되었습니다. 저는 데이터를 디테일하게 보다가 새로운 사업 기회를 발견했습니다.

HMR 사업을 맡고 있을 때 미래에 대한 고민으로 고령층에 대한 연구를 시작했습니다. 엑티브 시니어라고 불리는 타깃들은 나이가 있으면서 어느 정도 경제력을 갖춘 세대로 미래시장의 핵심 고객이 될 수 있습니다. 그들은 가정간편식을 먹고는 있지만 건강에 대한 우려가 있었고 나트륨이나 콜레스테롤 같은 것에 민감했습니다. 단백질은 부족하다고 느끼면서 야채가 보다 많은 상품을 원했고 식품 영양의 밸런스에 대해서도 높은 관심이 있었습니다. 저는 소비자 데이터를 연령대별로 뜯어보면서 인사이트를 찾았고, 기존 가공식품들의 개선사항을 연구하면서 미래의 새로운 시장이 가능하다는 것을 발견했습니다.

그렇게 탄생한 것이 영양 밸런스의 콘셉트를 고민해서 만든 '더비비고'입니다. 더비비고는 처음에는 연령으로 접근했지만 연령대를 넘어서 보다 건강한 먹거리에 관심을 갖는 소비자가 타깃이었습니다. 한국영양학회와도 협약을 맺으면서 식품 영양 식단의 기준을 만들었고 좀 더 건강지향적이고 세분화된 고객에 맞는 상품개발과 제품 출시를 하게 되었습니다. 더비비고는 디테일한 소비자 분석에서 시작했지만 이것은 또 다른 사업이 되었습니다.

미세한 데이터에 근거해서 고민할수록 사업 전략의 근거가 치밀해졌고, 소비자 이해도가 정교해질수록 새로운 사업 기회가 보였습니다. 그림을 그리면서 생긴 디테일한 시각은 기존의 전략에 대해 확장된 사고로 접근할 수 있는 관점을 가지게 했습니다.

"큰 그림을 그리세요."

그렇습니다. 디테일한 관찰력이 오히려 큰 그림을 그릴 수 있게 합니다. 새가 모이를 줍듯 미세하게 사물을 보는 눈을 가진다면 히말라야 먼 산을 바라보는 유목민의 시야를 가진 전략적 마케터가 될 수 있을 것입니다.

TIP

전략적 사고는 디테일에 있다. 큰 그림을 그리기 위해서는 작은 것도 세세하게 살펴보는 분석적 시각을 가져야 한다. 데이터에 정교하게 접근할 때 마케터는 인사이트를 발견하고 시장에서 기회를 찾을 수 있다.

24

오늘 당신의 밥상에는
육개장이 있나요?

여러분은 한국인이 좋아하는 대표적인 국물 요리 육개장을 얼마나 자주 드시나요? 오랜 시간 깊이 끓인 사골 육수에 일일이 찢은 양지살, 부드러운 토란대가 그대로 들어 있는 진하고 매콤한 국물맛 육개장. 대한민국 국민이라면 누구나 좋아하는 소울푸드입니다.

육수를 끓이는 데 서너 시간씩 걸리고 양지살을 일일이 찢으려면 기본적으로 꼬박 반나절은 걸리는 전통 방식의 육개장이 오늘날 오 분이면 여러분 식탁 위에 올라갈 수 있습니다. '비비고 육개장'은 HMR이라는 이름으로 식탁에 혁명을 만들었던 제품입니다. 물론 이십 년 전에도 레토르트 식품은 있었습니다. 우리가 어릴 때부터 익숙하게 먹던, 3분 카레, 3분 짜장이라는 간편식 덮밥 소스들이 그것입니다. 중고등학생들이 좋아하던 레토르트 햄버거, 미트볼도 있었습니다. 그러나 오늘날 식탁에 혁명을 만든 비비고 육개장은 무엇이 다를까요?

최근 5년 전부터 소비자 조사를 하면서 발견한 몇 가지 사실이 있습니다. 소비자들은 삼시 세끼를 챙겨 먹고 싶어 하고, 한 끼를 먹더라도 영양에 균형이 있었으면 하는 바람이 있다는 것입니다. 그들은 자신의 삶이 소중한 만큼 스스로를 위해서 보다 잘 먹고 싶다고 생각합니다. 그러나 해마다 1인당 식사량이 줄고 있으며 많은 사람들이 평균적으로 삼시 세끼를 챙겨 먹지 못하고 있는 것이 현실입니다. 일반적으로 소비자들은 밥보다는 적당한 간식이나 요깃거리로 끼니를 때우는 삶을 살고 있었던 것입니다.

바쁜 현대인들의 식생활은 시간이 갈수록 점점 더 직접 조리하는 것보다는 외부에서 식사를 간단하게 하거나 배달을 시키는 쪽으로 변하고 있습니다. '한국에 살면 가장 편한 것이 배달'이라고 하듯이 한국은 버튼 하나만 누르면 본인이 먹고 싶은 음식을 무엇이나, 아무 때나 배달시켜 먹을 수 있는 편한 나라입니다. 이런 트렌드로 가정간편식 시장은 폭발적으로 늘어납니다. 가정간편식은 집에서 만든 것을 대체한 음식이며, 식품 기업에서 생산하는 제품인 만큼 배달 음식보다 깨끗하다는 인식과 신뢰도가 있었습니다. 그 맛에 대해서도 일정 이상의 품질을 유지하고 있었기 때문에 가정간편식이라는 카테고리는 많은 분들이 좋아했습니다.

2016년 HMR 팀은 비비고 육개장을 출시했습니다. 제품을 개발하면서 소비자에 대해 철저하게 연구했습니다. 그리고 '소비자들은 절대로 맛은 포기하지 않으면서 간편한 것을 추구한다. 그리고 가공 식품에서도 맛집의 경험을 원한다'는 것에 집중했습니다. 이에 HMR을 준비하면서 주목했던 첫 번째 소비자 트렌드는 '본질 추구'였습니다. 소비자들은 본원적으로 맛있는 제품의 품질을 중시했으며, 원료의 중요성이 커진 만큼 불필요한 첨가물은 없애는 무첨가라는 특성을 중요하게 생각했습니다.

두 번째 트렌드는 '시간 단축'입니다. 가성비가 아니라 '가시비'라는 단어가 나오기 시작하면서 가격뿐만 아니라 시간의 경제성도 중요해지기 시작했습니다. 우리는 보다 빠른 시간 안에 소비자가 조리해서 먹을 수 있는 품질, 패키징의 기술을 연구했습니다.

세 번째 트렌드는 '취향존중'입니다. 맛집처럼 트렌디하고 각자가 좋아하는 맛을 찾는 것은 쉬운 일은 아니었습니다. 전국의 수십 개 육개장 전문점을 찾아다니면서 적정한 매운맛과 깊이 있는 육수의 방향성을 연구했습니다. 이후에 나온 차돌 육개장의 차돌-육개장 조합과 같이 새로운 메뉴, 새로운 요리 소재의 조합들도 꾸준히 찾아나갔습니다.

이런 소비자 트렌드에 맞춰서 나온 제품이 '비비고 육개장'입니다. 기존 레토르트 제품과의 차이를 해소하기 위해서 원물 고유의 식감을 개선했고, 큼직한 대파가 살아 있도록 제품 개발을 진행했습니다. 토란대를 여러 번 씻어서 깨끗함을 구현하고 이를 위한 공장의 생산 설비를 갖췄습니다. 기술적으로는 원물의 식감이 유지되는 기술, 육수를 추출하는 기술 등을 통해서 오랜 시간 엄마가 끓여주시는 양지국물 같은 진한 육수 맛을 구현할 수 있었습니다. 식품의 맛은 손맛이지만 가공식품의 맛은 레시피의 맛이자 위생의 맛입니다. 깔끔한 설비에서 제품을 만들고 위생을 철저히 해야만 제품이 소비자들의 신뢰를 얻고 지속적으로 밥상에 올라갈 수 있기 때문입니다.

비비고 육개장을 생산라인에서 처음으로 구현하던 날 밤을 잊을 수가 없습니다. 제일제당이 자체적으로 생산라인에 투자하기 전의 육개장은 주문자 생산 방식으로 협력업체의 공장에서 첫 시제품을 생산했습니다. 그날은 오랜 회의를 하느라 협력업체의 직원은 모두 퇴근하고 불 꺼진 공장에 우리 육개장 프로젝트의 멤버들만 남았습니다. 멤버들은 다 같이 공정을 논의하고 품질의 완성도를 정하는 기준을 논하느라 치열하게 토론했습니다. 신제품의 출시를 결정할 때는 통상 연구소와 생산팀, 품질관리팀이 같이 모여서 품질 수준을 체크하고 공정이 안정적인지를 점검하고 출시를 결정합니다.

마케터는 중간에서 중재하는 역할을 하면서 관련 부서와의 회의를 주도하고 최종 품질을 같이 보면서 의견을 제시합니다. 처음에 생산품이 나왔을 때는 몇 차례 불량이 생겼습니다. 매운 맛을 내는 육수가 잘 섞이지 않아 깊은 맛이 나지 않았습니다. 출시 일정이 계획되어 있는데 제때 제품을 만들지 못할까 봐 다들 가슴을 졸였습니다. 출시 일정은 고객과의 약속이고 모든 유관부서가 그 일정을 향해서 달리기 때문입니다. 완성품이 나오지 않자 우리는 좌절하기도 하고 걱정이 되었습니다. 연구원과 생산 담당자는 머리를 맞대고 토론했습니다. 그리고 제품이 완성되기를 끝없이 기다렸습니다. 드디어 최적의 맛이 구현된 것을 보니 시계는 11시가 넘어가고 있었습니다. 우리는 저녁도 먹지 않고 지친 얼굴로 서로를 쳐다보고 있다가 밥을 먹으러 나갔습니다. 공장문을 나서니 늦게까지 문을 연 식당이 없어서 한참을 찾아 헤매다가 드디어 불 켜진 한 식당에 자리를 잡았습니다. 허기진 배를 움켜쥐고 정신없이 식사를 했습니다.

밤이 지나고 제품이 출시되었습니다. 출시 후 '비비고 육개장'은 빠른 매출 성장으로 시장을 흔들기 시작했습니다. 신기술을 위한 꾸준한 연구를 통해 품질과 완성도를 구현한 상품이었습니다. 물량이 점점 늘어나면서 우리는 자체 공장을 짓게 되었고, 보다 많은 양의 제품을 만들 수 있게 되었습니다.

육개장을 맛본 소비자들은 새로운 메뉴를 지속적으로 원했고 우리는 비비고 육개장에 이어 미역국, 된장찌개, 김치찌개, 갈비탕까지 대한민국 국민이면 누구나 사랑하는 메뉴들로 제품 라인업을 확장했습니다. 특별식으로 먹던 감자탕과 순댓국, 그리고 무더운 복날의 필수품인 삼계탕까지 만들면서 대한민국 식탁을 바꿔버렸습니다.

소비자를 연구하면 식탁은 바뀝니다. 당연할 것만 같았던 제품들도 트렌드에 따라서 메뉴가 바뀌고 신기술 연구를 통해 완성도 있게 구현됩니다. 잘 안 바뀔 것만 같은 우리들의 식탁도 십 년 전, 이십 년 전과 비교해보면 많은 변화가 있습니다.

가정간편식은 트렌드의 철저한 분석을 통해서 소비자가 원하는 시장을 발견했다. 소비자의 핵심 니즈를 파악하고 제품의 방향을 정한 후에는 관련 부서가 한마음으로 노력해야 한다. 완성품을 만들기 위한 끝없는 노력이 있어야만 높은 품질을 구현할 수 있고 제품이 소비자의 사랑을 받게 된다.

25

10년 만의 쾌거,
양념장 일본 진출기

백설 소스팀장으로 양념장을 담당하던 때, 사업을 맡고 보니 고기 양념장이 눈에 들어왔습니다. 고기 양념장은 일본에 진출한 지 10년이나 됐지만, 그동안 아무런 제품 확장이나 변화가 없었기 때문입니다. 불고기는 전 세계 사람들이 잘 아는 대표적인 한식 요리이기에 불고기 양념장은 일본 시장에서도 좀 더 성장의 기회가 보였습니다. 코스트코에 들어간 지 10년 동안 추가 신제품이 더 이상 나오지 못했다는 얘기를 듣고 저는 불쑥 도전하고 싶은 생각이 들었습니다. 그래서 일본 출장 한 달 전쯤 같이 일하던 셰프에게 출장을 제안했고, 셰프는 흔쾌히 저와 함께 하기로 했습니다. 저는 기존과 다른 맛과 레시피로 새로운 제품을 한번 시도해보기로 결심했습니다.

'백설 고기 양념장'은 고기만 있으면 양념장을 넣어서 불고기도 만들고 갈비도 만들 수 있는 만능키트 같은 제품입니다. 지금은 밀키트 같은 것이 대중화되어서 양념이 다 된 제품들이 많이 나오고 있지만, 양념장이 나온 초창기에는 고기에 양념장만 부으면 빠른 시간에 요리가 된다는 것이 놀라운 혁신이었습니다. 고기 양념장에는 고기를 연하게 해주는 배즙이 들어 있어서 부어놓기만 하면 고기가 부드러워지고, 자연스러운 단맛과 고기 맛이 조화를 이루어 맛있는 불고기를 만들 수 있습니다.

일본에는 야키니쿠라는 음식의 익숙한 고기 문화가 있어서 일본 소비자들에게 한국의 불고기를 이해시키는 것은 쉬운 일이었습니다. 한류를 좋아하는 사람과 한식당 이용객이 늘어나는 트렌드를 보면서 한국의 고기 양념장이 큰 시장 기회가 될 것이라 생각했습니다. 그래서인지 한국에서 수출한 불고기 양념장은 일본 코스트코 내에서도 효자상품이 되기 시작했습니다. 양념장 자체로 팔리는 것은 물론, 델리 코너에서 포장된 형태의 불고기 요리가 완제품으로도 팔리고 있었습니다. 잘 만들어진 불고기 위에 파가 송송 얹혀 있어서 누구나 먹고 싶은 모양새고, 간편하게 바로 먹을 수 있는 제품으로 사랑받고 있었습니다. 델리 코너에서 완성된 불고기 요리를 한 번 경험해본 소비자가 일반 매대의 양념장을 고기와 같이 사면서 구매의 선순환이 일어났습니다. 이를 통해 델리 코너의 완제품과 양념장, 두 제품의 소비자 수요가 지속적으로 성장하고 있었습니다. 그러나 일정 수준까지 매출이 오르자 더 이상 추가적인 변화가 없었고, 최근 들어 값싸게 나오기 시작한 경쟁 제품들로 인해서 지속적인 성장의 기회를 찾기가 어려운 상태였습니다.

저는 새로운 제품으로 추가 수요를 창출해보고 싶었습니다. 한국의 양념장은 소불고기, 소갈비, 돼지불고기, 닭볶음탕 등 고기에 따라 종류가 다양한 만큼 이를 일본에 잘 소개하면 신제품도 반응이 있을 것 같았습니다. 다양한 레시피를 만들 수 있는 셰프와 함께 일본인의 입맛을 연구하고 그에 잘 맞는 요리를 제안한다면 또 다른 기회가 올 수 있을 거란 확신이 들었습니다. 간장 베이스의 불고기 양념장이 입점되었으니, 이번에는 고추장 베이스의 돼지불고기 양념장을 입점시켜보자고 생각했습니다. 고추장 맛은 호불호가 있긴 해도 한국만의 맛이니, 다양한 응용 메뉴를 소개한다면 분명 일본 바이어도 좋아할 것 같았습니다.

출장을 가기 이삼 주 전부터는 셰프와 함께 고추장 베이스를 활용해 기본적인 돼지불고기 메뉴인 제육볶음 외에 매운 등갈비찜, 떡을 넣고 만드는 고기 요리 등 다양한 응용 메뉴들을 개발해보았습니다.

일본에 도착해 호텔에 짐을 풀어놓고 법인 사무실로 모였습니다. 같이 간 셰프와 현지 직원들과 함께 회의를 시작했습니다. 먼저 일본 현지 고기의 특성은 어떠한지, 일본인들이 좋아하는 단맛은 어떠한지 점검했습니다. 법인 사무실에 있는 연구원, 마케터의 도움도 받았습니다. 그리고 다 같이 법인 사무실에 있는 부엌에 들어가 다양한 요리를 만들어봤습니다. 일본 법인에서는 한국에서 온 출장자들이 열심히 메뉴를 제안하고, 같이 요리를 만들자고 하니 신나하고 즐거워했습니다. 법인에서는 팔아야 할 상품이 많아서 제품 하나하나에 세세한 고민을 하는 것이 쉽지 않았기 때문입니다.

회의가 끝나고 나서는 매장을 돌아다니며 다양한 소스들을 점검하고, 일본에 수출하고 있는 한국 제품들도 살펴보았습니다. 친한 후배이자 일본 법인에서 영업을 잘하기로 소문난 영업 담당 직원과 같이 식사도 했습니다. 코스트코를 맡고 있던 후배는 식사를 하는 동안 일본 영업 현황은 어떠한지, 소비자 트렌드는 어떠한지 상세하게 설명해주었습니다. 고맙기도 하고 설레기도 했습니다. 일본 바이어는 어떤 제품들을 좋아하는지, 신제품 입점에 대한 의사결정 기준은 무엇인지도 궁금했습니다. 하나둘 설명을 듣고는 돼지불고기 양념장을 어떻게 어필하고 세일즈해야 일본 바이어가 좋아할지에 대한 구체적인 전략을 머릿속에 그려나갔습니다.

코스트코 매장을 방문하는 날이 다가오고 있었습니다. 시간이 갈수록 긴장이 되고 힘들었지만 설레기도 했습니다. 바이어를 만나면 무슨 말을 할지 혼자 구상도 해봤습니다. 그러던 중 미팅 전날 오후, 갑작스러운 연락을 받았습니다. 매장 바이어가 '만나야 할 사람들도 많고 너무 바쁘니 여러 명이 다 같이 만날 수 없다. 외부에서 온 사람은 한 명만 미팅에 참석할 수 있다'라고 한 것이었습니다. 다시 말해, 평소 거래처 미팅을 주로 하는 영업 담당 사원 외에 단 한 사람만 만남이 허용된다는 통보였습니다.

멀리서 비행기를 타고 일본까지 날아왔는데 둘 중에 한 명이 상담을 해야 된다면 직접 양념장 레시피를 개발한 셰프를 보내야 되겠다고 생각했습니다. 마케팅 책임자로 현지까지 와서 바이어를 못 만나고 가야 하는 출장은 입사 이래 처음이었습니다. 그러나 '누가 들어가면 어때, 제품 입점만 성공시키면 되지.' 하는 생각으로 저는 문밖에서 기다리기로 결심했습니다.

모두가 들어가 제품을 설명하지 못하게 되자, 우리가 준비한 많은 과정을 어떻게 잘 소개할지 고민이 됐습니다. 제품 담당자가 확신에 찬 데이터와 분석으로 설득해도 해외 수출과 입점이 어려운데, 이럴 땐 어떻게 해야 할지 여러 아이디어를 주고받았습니다.

그리고 '결국 제품은 맛으로 승부를 해야 한다. 어느 나라든 맛있는 것은 소비자들이 인지하게 되어 있다'라는 결론이 나왔습니다. 그렇다면 이제 문제는 어떻게 바이어의 입맛을 만족시킬 수 있느냐 하는 것이었습니다. 처음 맛을 보고 구매를 결정하는 바이어의 마음에 강렬한 인상을 남기는 것은 신제품 입점에 너무도 중요하기 때문에, 어떻게 해야 음식이 좀 더 맛있게 느껴질까, 일본 코스트코 바이어는 하루에도 얼마나 많은 제품들을 시식할지를 생각했습니다. 또한 그 많은 제품 속에서 우리 제품은 어떤 경쟁력이 있을지를 수없이 고민했습니다.

저는 일본 법인 영업 담당 직원을 붙들고 바이어의 평소 입맛이 어떤지, 어떻게 요리를 해야 이 제품이 사랑받을지 물었습니다. 본 적도 없고 만난 적도 없는 사람의 기호에 맞는 맛을 찾는 것은, 더구나 한국인도 아닌 일본인의 입맛을 알아내는 것은 정말 어려웠습니다.

한참을 생각하다가 문득 바이어 미팅 직전에 조리를 하자는 아이디어가 떠올랐습니다. 뭐니뭐니 해도 음식은 따뜻하고 정성이 가득 담겨 있을 때 상대가 감동하기 때문입니다.

미팅 당일이 되었습니다. 우리는 제대로 된 맛을 보여주겠다는 결심을 하고 미팅 세 시간 전부터 모든 주방 도구를 싸기 시작했습니다. 대형 밴에 무작정 짐을 넣고 미팅 장소를 향해 출발했습니다. 그러고는 코스트코 인근에 있는 어느 공원 안으로 들어가 주차장에 차를 세웠습니다. 코스트코 바이어와 우리는 만남의 시간이 제한되어 있고, 우리를 위해 주방을 열어줄 가능성도 없어서 음식을 준비할 곳이 마땅치 않았기 때문입니다. 우리에게는 최적의 맛을 구현하기 위한 조리 장소가 필요했습니다. 그러나 차를 세우기 무섭게 하늘에서 비가 한두 방울 후두둑 떨어지기 시작했고, 습한 일본 날씨에 빗방울까지 떨어지자 온몸에서 끈적한 느낌이 들었습니다.

각종 프라이팬과 조리기구로 가득한 밴의 트렁크를 열고 프라이팬을 휴대용 버너 위에 올려놓았습니다. 팬을 달구고 지글지글 빨간 돼지불고기를 만들기 시작했습니다. 매콤하고 달콤한 양념과 함께 불고기가 익으면서 진한 고기 냄새가 퍼지기 시작했습니다. 비가 휘날리는 와중에 우리는 진지하고 엄숙한 자세로 돼지불고기 요리를 만들었습니다. 돼지불고기 양념 위에 형형색색의 고명들도 함께 얹었습니다. 셰프는 흐르는 땀을 닦아가면서 온 정성을 다했습니다. 오랫동안 준비한 한국의 맛을 일본 현지에 소개하고 말겠다는 신념으로 돼지불고기를 담은 접시를 투명 랩으로 감쌌습니다.

미팅에 들어가기로 한 셰프와 영업 담당 직원이 요리를 들고 건물 안으로 황급히 들어갔습니다. 저는 빈자리를 지키며 응원했습니다. 기다리는 내내 가슴을 졸였습니다. 자식이 대학 시험에 붙기를 바라는 어머니의 마음이 이런 게 아닐까 하는 생각까지 들었습니다. '공원에서 비를 피해가며 조리까지 정성껏 해서 들고 간 최초의 제품이자, 일본인들에게 대한민국의 돼지불고기 맛을 꼭 알리고 싶은 제품인 만큼 정말 성공했으면 좋겠다.' 한참을 기다리는 동안 초조한 마음에 걱정이 되었습니다. 마침내 미팅을 끝내고 나온 셰프는 "코스트코 바이어가 긍정적인 반응을 보였다"고, "일단 테스트 입점을 해볼 수 있을 거 같아요"라고 말했습니다.

식문화를 만든다는 건 오랜 의지와 인내심이 없으면 불가능한 일입니다. 한 제품을 해외로 수출하고 대형 거래처에 입점시키는 일은 국내에서 신제품을 입점시키는 것보다 몇 배나 어렵습니다. 한국의 맛을 모르는 타국의 바이어에게 가장 맛있는 상태로 한식을 제공하고 설명해야 하기 때문입니다. 특히 한식 양념장은 소불고기, 돼지불고기, 갈비처럼 비슷한 듯하면서도 색다른 맛을 내는 종합예술에 가깝습니다. 그렇기에 다채롭고 복합적인 숙성의 맛인 한식은 외국인에게 설명하기 어렵습니다.

그렇게 바이어의 선택을 받은 '돼지불고기 양념장'은 소불고기 이후 10년 만에 신규로 입점하게 되었습니다. 이후 코스트코의 양념장 사업은 일본 법인의 매출 성장에 큰 기반이 되었고, 가깝고도 먼 나라인 일본에 한식을 새롭게 알리게 된 계기가 되었습니다. 한국인이 가장 좋아하는 메뉴인 소불고기, 돼지불고기를 만들 수 있는 고기 양념장을 만들기 위해서 우리는 최선을 다했고, 그날 흘린 땀은 잊을 수 없습니다. 빗방울이 떨어지는 공원에서 돼지불고기를 만들던 추억은 이후에도 글로벌 상품을 개발하고 수출할 때마다 힘을 주던 스토리입니다.

전 세계에 유통망을 가지고 있는 코스트코에서 볼 수 있는 한국의 양념장은 그렇게 자랑스러운 동료들과 함께 해낸 성과였습니다.

기존 제품이 안정기에 접어들었다면, 새로운 변화를 주어야 할 때다. 식품에서 맛이 중요하듯 모든 제품은 진정성 있게 본질로 승부할 때 가장 빛난다. 낯선 소비자를 만족시키기 위해서는 최상의 품질을 위해 노력해야 한다.

26

식초가
옷을 벗어요

식초를 담당하던 어느 날, 영업 부서에서 전화가 한 통 걸려왔습니다. "큰일 났어요. 식초가 옷을 벗어요."

'이게 무슨 말이지? 제품이 어떻게 옷을 벗는다는 거지? 무슨 일이 나긴 했나 보다.' 현장에 있는 엠디가 식초의 포장이 벗겨진다고 영업 부서에 문의를 한 것입니다. 저는 깜짝 놀랐습니다. 신제품인 자연 발효 식초를 출시한 지 몇 달밖에 되지 않았기 때문입니다. 걱정 어린 마음에 저는 바로 연락을 받은 매장으로 뛰어갔습니다. 매장 안으로 들어서자마자 식초 매대로 달려갔습니다. 매대가 가까워질수록 식초 용기를 감싸고 있는 포장지의 비닐 끝이 조금 벗겨져 있는 것이 보였습니다.

일반적으로 식초와 같은 액상 타입 제품은 매일 최소 생산량 기준이 있기 때문에 한 번에 엄청난 양의 물량을 생산할 수밖에 없습니다. 그러다 보니 일부 제품에서 불량이 발생한 것입니다. 제품의 품질에는 전혀 문제가 없었고, 제품명이나 문구가 적힌 라벨은 소비자가 읽기에도 불편함이 없었지만 포장지 한쪽 끝의 접착이 다소 불량해서 조금씩 벗겨지는 중이었습니다. 저는 준비해간 테이프로 제품 포장을 다시 붙이고 발 빠른 조치를 진행했습니다. 문제 있는 제품 로트(생산 회차 단위)를 생산팀에 확인하고 담당자를 통해 현장 엠디들에게 문자를 보냈습니다. 영업 부서와 함께 문제가 있는 제품은 매대에서 빼내서 빠른 조치를 할 수 있도록 진행했습니다. 다행히 일정 물량 외에는 문제가 없어서 소비자에게 더 큰 실망을 주지는 않았습니다. 놀란 가슴을 쓸어내린 사건이었습니다.

식품 매장에서는 일 년에도 몇 번씩 이런 일들이 벌어집니다. 패키지의 인쇄가 틀어지거나, 일부분 모양 변형이 있거나, 잉크가 지워지거나, 바코드가 안 찍히는 등 다양한 종류의 클레임이 생기는 것입니다. '제품에 곰팡이가 폈어요.' '뭔가 들어 있는 것 같아요.' 등으로 가끔씩은 가슴을 졸이며 빠른 대처를 하느라 온 공장과 영업부에 난리가 나기도 합니다. 문제가 아예 안 생기면 가장 좋겠지만 사람이 하는 일이라 어쩔 수 없이 문제가 발생합니다. 불가피하게 일어나는 클레임은 제품의 이미지를 떨어뜨리기 때문에 잘 해결해야 합니다. 기업의 경쟁력은 얼마나 발 빠르게 클레임의 원인을 발견해 문제없이 처리하는가에 좌우되기도 합니다.

식초는 오랜 역사를 가지고 있는 식품으로서 주정으로 만든 양조식초, 식초 배수를 높이며 산의 농도를 바꿔가는 2배식초 등의 제품이 있습니다. 사과식초, 흑미식초, 현미식초, 레몬식초 등 원료의 종류에 따라서도 다양한 상품이 있습니다. 다양한 식초가 나오면서 식초를 파는 기업들은 식초를 요리에 넣어서 먹는 것은 물론, 과일을 씻을 때나 청소할 때 사용하거나 빨래에 넣어 살균을 돕는 용도로도 사용을 제안하고 있습니다.

식초 마케팅을 하면서 저는 식초도 이제 프리미엄 상품으로의 전환이 필요하다고 생각했습니다. 산도나 원료만 바꿔서 제품을 만드는 것 외에 다른 방법은 없을지 심각하게 고민했습니다. 저는 어려서부터 익숙한 경쟁사 식초를 사용했지만 별다른 제품의 변화를 느낄 수 없었습니다.

그러던 어느 날 예로부터 건강하고 장수하는 사람들이 신맛을 즐긴다는 것이 떠올랐습니다. 일본 사람들이 장수하는 것이 식초를 많이 먹어서라는 이야기도 기억났습니다. 그렇다면 가공도가 낮은 것이 더욱더 원물에 가까운 신맛이 될 것이라고 생각했습니다. 주정이 아니라 과일 그 자체로 발효를 한다면 건강에 더욱 좋은 상품을 만들 수 있을 거라는 확신이 들었습니다.

그렇게 우리 몸에 가장 좋은 식초가 무엇일지 고민해 탄생한 것이 '자연 발효 식초'입니다. 2014년에 출시된 자연 발효 식초는 '100% 자연 발효'라는 콘셉트로 주정은 물론 인공 첨가물을 전혀 사용하지 않고 100% 과일만으로 발효한 제품입니다. 100% 석류 식초에는 석류 5.9개, 백포도 186개 분량의 영양이 그대로 담겨 있습니다. 과일을 직접 발효해서 일반 식초에 없는 유기산, 미네랄, 비타민 등이 다양하게 들어 있는 것이 특징이었습니다. 저는 새로운 콘셉트의 제품인 만큼 다양한 용도로의 확장을 위해 초절임이나 피클을 만들어 먹는 새로운 수요도 제안했습니다.

'식초가 식초지 뭐가 다르겠어.' 하고 많은 분들이 의구심을 갖기도 했지만 그동안 없었던 청포도 같은 소재는 관심의 대상이었습니다. 자연스러운 맛과 첨가물이 없다는 점은 소비자의 선호 포인트였습니다. 지금은 식초의 재료가 여러 품종으로 확대되고 있지만 당시에는 소재와 원료 차별화도 상당한 혁신이었습니다. 첫 제품 출시 이후에는 한 병에 파인애플 한 개의 영양이 그대로 담긴 트렌디한 파인애플 식초도 출시하면서 라인업도 확장했습니다.

자연 발효 식초는 기존 식초 시장에 반향을 일으키며 프리미엄 식초의 시대를 열었습니다. 그러나 옷을 벗은 식초 때문에 저에게는 아픈 손가락 같은 제품입니다.

저는 식초의 생산과 유통을 경험하면서 많은 것을 배웠습니다. 초기 생산량이 많은 제품일수록 품질에 더욱 신경 써야 한다는 것이었습니다. 대량상품은 사전에 철저히 예측해보고 문제 발생 시 어떻게 개선할지에 대한 시나리오가 있어야 하는 것입니다. 포장에 문제가 생길지, 품질에 문제가 생길지 모르기에 각각의 경우에 어떠한 순서로 빠르게 조치해야 할지도 점검해야 합니다. 다행히 제일제당은 그러한 시스템이 매뉴얼화되어 있고, 문제 발생 시 각 부서가 긴밀하게 연락하는 체계가 갖춰져 있어서 빠르게 문제가 해결되었습니다.

식품은 소비자의 건강과 안전이 최우선이기에 식품 마케터는 늘 제품에 클레임은 없는지를 점검해야 합니다. 식품 사업에서의 클레임 처리는 너무도 예민하고 어렵기에 제가 아는 식품전문가 분께서는 '식품 사업을 하는 것은 전생에 죄를 많이 지은 사람들이 하는 것이다'라고 자조적으로 말하기도 했습니다. 식품은 몸에 섭취되고 안전과 직결되기에 소비자의 작은 불만 하나도 조심히 다루며 관리해야 합니다

그렇기에 매일의 밥상에 올리는 식품은 만드는 사람들이 더욱 책임감은 물론 철학과 신념을 가져야 하는 것입니다.

자연 발효 식초의 클레임 사례는 제품을 만들고 런칭할 때 기획만이 중요한 것이 아니라 런칭 시점과 그 이후 판매되는 모든 상황까지 고객의 접점에서 관리하고 점검하는 것이 중요하다는

것을 배운 사례입니다.

TIP

제품에 클레임이 생기면 발 빠르게 원인을 발견하고 문제없이 처리해
야 한다. 신제품이 런칭될 때는 가상의 시나리오를 준비하고 대응 매
뉴얼에 따라서 조치가 되어야 한다. 마케터에게 제품 개발은 소비자의
손에 전달되기 전뿐만 아니라 구매하고 사용되는 모든 순간까지 관리
하고 점검하는 것을 의미한다.

27

설렜던 나의 첫 작품,
커피슈가

저는 입사 후 일 년간 영업 부서에서 먼저 근무한 뒤 마케팅 부서로 배치되었습니다. 신입이던 첫 일 년, 대리점 영업을 하는 동안은 마케터들이 현장을 잘 모른다는 생각을 했습니다. 현장의 목소리가 반영된 신제품이 잘 안 보였기에 저는 마케팅으로 배치되면 꼭 현장 경영을 해야겠다는 결심까지 했습니다. 처음 배치된 부서는 상품기획실 산하의 상품기획팀이었습니다. 신제품을 기획하고 상품화하는 부서였습니다. 지금도 선명하게 기억나는 저의 첫 작품은 커피슈가입니다.

지금은 많은 사람들이 아메리카노, 카페라떼 같은 커피를 즐겨 먹고, 다양한 프랜차이즈에서 고급화된 커피들이 소비자의 선택을 받고 있지만, 예전에는 대다수의 사람들이 커피, 설탕,

프림을 가지고 커피를 타 먹었습니다. 커피와 설탕은 어떤 비율로 타는지, 프림을 넣는지 **빼는지**가 각자의 고유한 취향이고 최적의 비율로 커피를 만드는 사람이 커피를 잘 탄다고 평가받던 때가 있었습니다.

요즘의 제일제당은 판매하는 제품이 많아서 신입사원들도 다양한 제품의 상품화를 경험하지만, 과거에 상품기획실에 배치된 신입사원은 일반적으로 설탕 상품화부터 배우기 시작했습니다. 어리버리한 초년생이던 저는 선배들로부터 상품기획 업무를 배우기 시작했습니다. 특별한 노하우가 없을 것만 같은 설탕 디자인 방법부터 표기 문안을 하나하나 정리하는 일을 배웠습니다. 상품화를 배우면서 입사 전에는 관심 있게 보지 않았던 제품의 표기사항을 하나하나 살펴보는 버릇이 생겼습니다. 대장장이가 쇠를 갈고 모양을 만드는 것을 배우려면 오랜 시간 엄숙한 기다림이 있어야 하는 것처럼, 설탕 회사의 설탕 상품기획은 어린 저에게는 꽤나 진지한 배움의 시간이었습니다.

'커피슈가는 어떻게 만들어야 할까? 커피를 먹는 상황은 어떤 상황일까? 누구와 먹을 때 가장 맛있고 우아한 분위기가 연출될까?' 저는 여러 차례 생각해봤습니다. 그러다가 호텔에서 소개팅이나 맞선을 보는 사람들이 생각났습니다.

저는 '호텔은 커피가 나오면 설탕을 넣어서 한 모금 마시고 상대에게 친절한 눈웃음을 지어야 하는 분위기 있는 공간이니 커피슈가는 호텔의 근사한 인테리어에 어울리는 디자인이 필요할 것이다'라고 생각했습니다. 호텔에서 일반적으로 사용하는 커피슈가로는 각설탕이라 부르는 네모난 설탕이 있었고, 롱슈가라고 부르는 얇고 기다란 형태의 백설탕이 있었습니다.

무심히 지나쳤던 두 제품을 담당자가 된 뒤로는 보다 자세히 쳐다보게 되었고, 각각에 맞는 디자인으로 상품화를 시작하게 되었습니다. 선배가 정해준 대로 하면서도 글자 하나하나를 다른 폰트로 써보기도 해보고 작은 제품이지만 조금 더 멋지게 설명할 수 있는 문구는 없을까 고민도 했습니다. 선배는 설탕 외에도 다양한 제품들을 맡고 있어서 저에게 일을 많이 맡겨주셨고, 저는 처음이라 문구가 틀리면 어쩌나, 오탈자는 없는지 걱정이 되었습니다. 제가 쓴 글귀 하나하나가 누군가가 먹는 제품에 보인다는 것이 두렵기도 했습니다. 누군가는 내가 만든 커피슈가를 만지고 디자인을 보면서 제품에 대한 고유의 이미지를 만들 것이기에 설레기도 했습니다. 그러면서 이런저런 카피를 만들고 문안 작업을 하는 대단한 아티스트가 된 것처럼 신났습니다.

아무도 관심 없는 작은 커피슈가지만 저에게는 너무나 소중한 첫 작품이었고 저는 호텔을 갈 일이 있으면 커피슈가부터 찾아보는 습관이 생겼습니다. 고급 호텔 어디에나 있는 커피슈가를 저는 흐뭇하게, 그리고 자랑스러운 마음으로 살펴보았습니다. 저의 커피슈가 디자인이 마치 낯선 남녀를 잘 이어줄 것 같다는 착각을 하며, 달콤한 대화가 더욱 잘 이어질 수 있다고 상상했습니다. 제품 덕분에 즐거워하는 소비자를 생각하는 일은 이 직업을 오랫동안 하면서 늘 가져왔던 저만의 즐거운 상상이었습니다.

설탕 마케터일 때 출시했던 다른 제품으로는 '크리스탈 슈가'가 있습니다. 긴 막대에 크리스탈 모양의 설탕이 붙어 있는 제품으로 진한 커피 속에 넣고 저어가며 먹는 설탕입니다. 도깨비 방망이같이 생긴 설탕이 결정체로 붙어 있어서 오래도록 녹이면 커피가 달콤해지고, 살짝 담갔다가 꺼내면 맛을 은은하게 만들었습니다. VIP 대상으로 고급스럽게 만들고 제가 직접 '크리스탈 슈가'라는 이름을 붙여서인지 더욱 애착이 가는 제품이었습니다.

그 제품은 시대를 너무 앞서갔던 탓인지(?) 당시에는 수요가 없었는데 최근에 인터넷을 검색해보니 수입 제품으로 크리스탈 슈가가 있는 것을 알게 되었습니다. 신제품은 타이밍이 중요하고 트렌드에 맞게 출시되어야 합니다. 너무 이른 출시로 단종된 그 제품이 지금 있었다면 젊은 남녀들의 첫 만남을 이어줄 사랑의 도깨비방망이가 될 수 있었을 텐데, 하는 아쉬움이 남습니다.

누구에게나 첫 기억은 잊을 수 없이 강렬하게 남습니다. 저에게 커피슈가는 첫사랑 같은 제품이었습니다. 설탕공장에서 일년에 신제품을 한두 가지밖에 만들 수 없던 때였기에 저의 작품은 소중하고 의미 있는 제품이 아니었나 싶습니다. 지금은 많이 사라진 커피슈가이지만 가끔은 커피에 프림과 설탕을 내 입맛에 맞게 넣어가며 먹는, 조금은 느린 그 시절이 그리워지는 건 왜일까요?

요즘은 거리 어디에나 커피 프랜차이즈가 즐비합니다. 커피 종류도 아메리카노, 카페라떼, 카페모카 등으로 다양하고 맛과 향도 소비자가 선택하는 대로 각양각색입니다. 그러나 커피슈가를 녹여가며 스스로 커피의 맛을 제조하던 추억은 사라져버렸습니다. 가끔은 커피 프랜차이즈에서 강렬한 스팀과 함께 기계적으로 뿜어져 나오는 커피가 아닌, 누군가가 한 스푼씩 정성껏 넣어서 만들어주는 커피가 그립습니다. 비록 거칠고, 고급스러운 맛은 아니지만 한 스푼 한 스푼 설탕을 녹이면서 커피를 타는 상대의 마음이 전해지기 때문입니다. 달콤하고 진한 커피슈가를 넣고 마음을 담아 커피 한잔 타주시던 분들이 기억납니다. 저의 첫 작품 커피슈가는 신입 마케터의 호기심과 설렘으로 만들어졌지만, 오래도록 기억되는 제품을 만들겠다는 식품 마케터로서의 철학을 갖게 해준 작품입니다.

제품을 상품화할 때는 제품의 용도가 무엇인지, 어디에 있을 때 가장 가치 있을지를 생각해야 한다. 상품기획은 개발 단계에서부터 제품의 단순한 기능을 넘어 어떠한 감성적인 가치를 소비자에게 줄 수 있는지를 고민해야 한다. 그것은 그 제품에 새로운 이미지를 만들고 소비자와 교감하는 가치를 부여하기 때문이다.

28

신제품의 근원,
현장 파먹기

한때 '냉장고 파먹기'라는 표현이 있었습니다. 냉장고가 빌 때까지 그날그날 냉장고에 들어 있는 모든 것을 이용해 요리를 만드는 것입니다. 재료가 오래된 것이든 새로 산 것이든 상관없이 이를 이용해 맛있는 음식을 만드는 것을 말합니다.

마케터는 '현장(매장) 파먹기'를 잘해야 합니다. 저는 어느 날부터인가 현장을 둘러보며 다니는 것이 취미였고, 여행지에서는 꼭 식품 매장을 찾아 둘러보았습니다. 지방에 놀러가면 그 지역의 조그마한 슈퍼마켓이나 편의점이라도 꼭 돌아보았고, 로컬푸드로는 무엇을 파는지, 맛집은 어디인지 돌아보는 것을 즐겼습니다. 대체로 음식은 역사적인 기원이 있고 지방색이 있으며 지역마다 맛집이 존재하기에 탐구하기 좋은 영역입니다. 저는 여기저기 놀러다니는 것을 좋아했기 때문에 낯선 지역에서 들어간 식당에서는 주인 아주머니께 이것저것 음식의 재료를 물어보기도 하고, 지역 명소는 어디를 봐야 하는지에 대해서 묻고 관심을 가졌습니다.

지방으로 갈수록 조금씩 매장에서 파는 것들이 달라졌고 로컬푸드 같은 별도 섹션으로 특산품들을 진열해놓기도 했습니다. 한 지역의 음식을 연구하고 그 지역의 기후에 맞는 특산품을 구경하는 것이 재미있었습니다. 지역을 다니면서 매장 파먹기가 중요하다고 생각한 것은 평소와 다른 새로운 메뉴나 소재들을 볼 때 신제품에 대한 아이디어가 잘 떠오르기 때문입니다.

방문한 매장 안에서 낯선 제품이 눈에 띄면 저는 '저것을 이용해 집에서 뭔가를 만들어봐야겠다'는 생각이 들었습니다. 이런 생각으로 가끔씩 매장 파먹기를 했습니다. 신제품과 기존 제품을 섞어 조화를 이뤄낼 수도 있고, 소스와 새롭게 발견한 원재료를 이것저것 섞어서 다양한 맛을 내볼 수도 있었습니다. 때로는 한 끼 메뉴가 되기도 하고 색다른 디저트가 되기도 합니다. 가성비 있는 제품을 행사할 때 싸게 사게 되면 여러 가지 재료를 가지고 새롭게 변신한 제품을 만들 수 있는 것입니다.

현장 파먹기는 멀리 가야만 가능한 것은 아닙니다. 내 집 앞 편의점에서도 가능합니다. 요즘은 편의점이 젊은 자취생들에게 자신의 냉장고가 되는 시대입니다. 가깝게 있는 편의점 메뉴들을 조합해서 새롭게 먹어본다면 또 하나의 매장 파먹기가 됩니다. 편의점은 새로운 메뉴가 빨리 입점되고 트렌드가 반영되는 공간이므로 젊은 타깃 소비자의 인사이트를 얻을 수 있습니다.

저는 일본 여행을 자주 다녔습니다. 도쿄의 백화점 지하에 쭈그리고 앉아 그해의 신제품들을 살펴보는 것은 제게 흔한 일상이었습니다. 일본에 가면 한국에서 보지 못한 새로운 식재료가 많이 있었고, 지금은 비슷해지고 있지만 과거에는 일본의 식품 개발 기술이 조금 더 발전된 까닭에 세분화된 영양소라든가 타깃별로 다른 상품들을 많이 볼 수 있었습니다. 어린이 전용 식품들만 파는 매장도 있고, 노인식 관련 매장은 세분화된 원료와 소재를 써 치아 상태에 따라 먹을 수 있는 연화식이 단계별로 구성되어 있었습니다.

수산물을 연구하던 때에도 역시나 한국에서 볼 수 없는 제품들을 일본 매장에서 찾아냈습니다. 일본 매장도 파먹기를 해봐야겠다는 생각으로 백화점과 지하 슈퍼마켓을 헤매곤 했습니다. 그러다 살아 있는 전복 같은 것이 상온에서 그대로 유통되고 있는 것을 발견하기도 했습니다. 수산 기술이 발달해서 다양한 제품들이 상온에서도 유통 가능했던 것입니다. 게딱지를 포함한 어패류는 기필코 상품화해야겠다는 열망을 가졌던 제품들인데, 아직도 기술적인 난이도로 상품화하지 못하고 회사를 나오게 되어 못내 아쉬운 제품입니다.

지역을 다니시든, 매장을 살피시든 좋아하는 것이 있으면 집요하게 파먹어야 합니다. 남은 재료로 이런저런 맛을 내서 새로운 레시피를 만들 듯, 세상의 수많은 소재를 자기 것으로 만드시기 바랍니다. 식품 마케터라면 내 집 앞 마트든 타 지역 어디든 나의 콘셉트와 상품에 맞는 소재라면 거침없이 현장 파먹기를 해야 합니다. 마케터로 일하며 현장 파먹기로 상품기획까지 이어졌던 세 가지 사례가 있습니다.

첫 번째 사례는 '횡성한우 육수 물냉면'입니다. 면사업팀장을 하던 시절, 친구와 함께 횡성으로 여행을 가게 되었습니다. 한우가 유명한 지역이라 거리마다 한우 축협, 한우 직판장, 한우식당 등의 간판이 보였습니다. 한우는 한국 사람들이 특히나 좋아하지만, 비싸서 자주 사 먹지 못하는 음식입니다. 그럼에도 누군가에게 한턱 낼 때 빠지지 않는 메뉴이기도 합니다. 저는 한우가 먹고 싶지만 비싼 가격 때문에 먹지 못하는 사람들에게 낮은 가격의 제품으로 상품화해서 공급하기 쉽지 않다는 것에 주목했습니다.

그러다가 불현듯 아이디어가 떠올랐습니다. '횡성한우 육수 냉면'을 개발하는 것이었습니다. 가공식품 마케터로서 한우를 상품화할 수는 없지만 한우로 냉면 육수를 만들면 성공할 것 같았습니다. 소비자들이 냉면을 선택할 때 면발만큼 육수도 중요하게 생각했기 때문입니다. 냉면 시장은 경쟁이 치열했기 때문에, '동치미 냉면'이라는 메인 아이템이 있었음에도 횡성한우 육수 냉면을 통해 라인업 확장이 가능했습니다. 저는 여행지에서 돌아와 바로 상품을 기획하기 시작했습니다. 그렇게 탄생한 것이 '횡성한우 육수 물냉면'입니다.

두 번째는 '행복한 콩 두부'입니다. 두부 관련 기획을 할 때는 강릉의 초당 두부집을 돌아다니면서 기존 연두부와는 다른 행복한 콩 생식용 두부의 콘셉트를 찾았습니다. 강릉에 있는 많은 두부집에는 순두부, 연두부, 모두부, 청국장, 두부찌개까지 각종 두부 요리가 많습니다. 두부는 양념을 넣거나, 그냥 먹거나, 콩의 종류나 부드러운 정도에 따라서 갖가지 맛이 납니다. 여러 두부 요리를 먹어보면서 저는 두부를 요리의 재료로 국한하지 않고 바로 먹을 수 없을지를 고민했고 그런 고민으로 '행복한 콩 생식용 두부'가 생겨났습니다.

세 번째는 '백설 사리원 불고기 양념장'입니다. 저는 불고기 양념장의 차별적인 맛을 구현하기 위해서 프리미엄 라인을 고민하게 되었습니다. 불고기에는 언양 불고기, 광양 불고기, 사리원 불고기 등 다양한 맛의 지역 요리가 있습니다. 여러 방향을 고민하다가 서초동 사리원 불고기 맛집에 가보게 되었고 한

쪽 벽에 쓰인 사리원 불고기의 기원을 보게 되었습니다. 옛날 황해도 사리원에 사는 어느 할머니가 남편의 건강을 생각하며 좋은 원료로 만들었다는 불고기 양념은 그 스토리만으로도 감동이 있는 제품이었습니다. 저는 프리미엄 양념장의 방향을 사리원 불고기로 정했고 두 번 달인 양조간장, 7가지 과일, 야채로 맛을 낸 백설 사리원 불고기 양념장을 출시했습니다. 새로운 콘셉트로 만든 '백설 사리원 불고기 양념장'은 그런 할머니의 스토리를 생각하며 구현한 제품입니다.

　냉장고 파먹기는 냉장고 속 자신만의 새로운 레시피를 찾는 작업입니다. 현장 파먹기는 보다 넓은 지역의 명소와 매장을 세세하게 들여다보면서 새로운 아이템을 찾는 방법입니다. 파먹는 만큼 보입니다. 자신이 관심 있는 분야라면 깊이 있게 파먹어야 합니다. 다양한 현장에서 제품의 아이디어를 얻고 제품 개발의 힌트를 찾았던 것은 즐거운 경험이었습니다. 위대한 신제품 아이디어도 사실은 현장 속에서 새로운 관점으로 고민하면 얼마든지 찾아낼 수 있습니다.

　현장의 몰입이 신제품을 만듭니다. 현장 파먹기에 답이 있습니다.

TIP

현장 파먹기는 파먹는 만큼 보인다. 자신이 관심 있는 분야라면 깊이 있게 파고들어야 한다. 새로운 소재를 찾아 새롭게 조합할 때 아이디어가 생기고 신제품의 기회를 발견할 수 있다.

29

노량진의 추억,
햇반 컵반

2016년 햇반팀장을 맡은 저는 컵반 브랜드를 맡게 되었습니다. 컵반은 햇반에서 나온 용기형의 컵 모양에 밥을 담아 만든 컵밥 브랜드입니다. 컵반은 2015년에 출시되었고, 2016년은 많은 분들이 '컵 안에 들어 있는 밥 제품이 잘 성장할 수 있을까' 하는 의구심을 갖고 있던 때였습니다.

제품이 나오자 신제품에 익숙하지 않은 몇몇 사람들이 부정적인 반응을 보이기도 했습니다.

한국의 밥과 반찬 문화는 이미 오래된 관습이었고, 한국인들 사이에는 잘 차려진 한 상 식탁이어야 먹음직한 밥상이라고 생각하는 문화가 있었습니다. 그래서인지 컵반 출시 당시에는 밥을 컵 안에 들어 있는 채로 먹는 것에 대해서 소비자들에게 약

간의 낯섦이 있었습니다. 그러나 저는 '용기에 들어 있는 컵라면도 있고, 용기형 파스타도 있는데 왜 용기에 들어 있는 밥은 없을까?' 하는 생각이 들었고 컵밥의 마케터로서 수요를 키우기 위해 깊은 고민을 하기 시작했습니다.

컵밥의 메뉴를 정하는 일에도 고민이 깊었습니다. 한식 메뉴는 종류가 워낙에 많고 타깃의 연령층에 따라서 선호하는 맛이 천차만별이기 때문입니다. 국밥을 개발해야 할지, 덮밥을 만들어야 할지부터가 머릿속에서 빙빙 돌고 있었습니다. 그러던 어느 날 '컵밥을 가장 많이 먹는 사람들이 누구지?' 하는 생각이 들었고, 그 순간 바로 떠오른 사람들은 노량진에 있는 공시생(공무원 채용 시험을 준비하는 사람)이었습니다. 주말을 이용해 친구와 함께 노량진에 가보았습니다. 찬바람이 부는 쌀쌀한 날이었습니다. 컵밥을 실제로 어떤 분들이 어떻게 먹고 있는지 궁금했습니다. 저 역시 대학 시절 노량진에서 잠시나마 공부했던 기억도 있었고, 무엇이든 될 수 있다는 꿈을 키우던 추억도 생각났습니다. 노량진의 풍경과 뜨거웠던 학원가의 모습이 그립기도 하고 열심히 공부하는 학생들의 모습도 궁금했습니다.

버스에서 내려 노량진 앞을 걸어가는데 삼선 슬리퍼를 신은 공시생들이 후드티의 모자를 눌러쓰고, 손을 주머니에 푹 찔러 넣은 채 신호등이 바뀌자 힘껏 횡단보도를 뛰어가고 있었습니다. 포장마차 안에는 갖가지 메뉴가 써 있는 메뉴판이 있었고 먹음직스러운 컵밥 요리의 냄새가 그득히 배어 있었습니다. 아까부터 지켜본 삼선 슬리퍼 공시생이 고기와 야채, 소스를 잔뜩 버무린 커다란 컵밥을 정신없이 먹기 시작했습니다. 좁은 포장마차 안에는 몇 명의 다른 청년들이 귀에 이어폰을 꽂은 채 즐거운 표정으로 컵밥을 먹고 있었습니다. 오늘 하루도 왠지 어제와 같은 삶을 살고 있을 것 같은 학생들의 모습에 저는 여러 가지 생각이 교차되었습니다. 잠깐이지만 소중한 저들의 시간에 컵밥은 매일의 친구가 될 수도 있을 것만 같았습니다.

　노량진의 컵밥은 포장마차 안에서 철판에 고기를 직접 볶고, 야채를 듬뿍 넣어 비교적 저렴한 가격에 팔고 있었습니다. 매일 책과 씨름하며 공부만 하는 노량진의 수많은 학생들, 미래를 위해 도전하고 있는 공시생들에게 이런 컵밥은 무척이나 소중해 보였습니다. 나는 컵반의 고객이 누구일지를 생각하며 포장마차에서 불고기와 김치볶음이 들어 있는 컵밥을 먹었습니다. 그리고 삼십여 분간 바쁘게 컵밥을 먹고 있는 사람들을 지켜보았습니다. '아! 나는 무슨 컵반 메뉴를 개발해야 하나?' '수많은 사람들이 시험공부에 찌들어 잠깐이라도 바람을 쐬러 나올 때, 시간을 아끼며 촘촘히 살아가는 청춘들이 잠깐씩 나와서 먹을 수 있는 메뉴, 고시원 좁은 책상 속에서 벗어나 느끼는 잠시나마 짜릿한 맛은 무엇일까?'

포장마차에서 나와 그 지역 시장을 여기저기 다녀보기 시작했습니다. 노량진 모퉁이마다 빼곡히 들어서 있는 음식점에서 팔고 있는 다양한 컵밥 메뉴도 조사했습니다. 컵밥은 스테이크, 반반, 모듬 등 다양한 형태로 불리며 여러 재료를 섞어서 팔고 있었습니다. 몇 가지 메뉴를 시켜 먹어보면서 같이 간 친구와 맛의 방향, 재료의 종류에 대해서도 얘기를 나눴습니다. 일반적으로 소스가 진하고 고기가 많이 들어 있는 메뉴들이 주로 판매되고 있었습니다. 음식점을 몇 군데 둘러보고는 인근 편의점에 들어가 어떠한 컵밥 제품이 많이 진열돼 있는지, 다 팔리고 없어서 비어 있는 메뉴는 무엇인지도 살펴보았습니다. 그리고 컵밥 중에서 가장 잘 팔리는 메뉴, 소비자들이 가장 좋아하는 메뉴를 찾게 되었습니다.

공시생들은 대체로 공부하느라 에너지 소모가 많아, 칼로리가 비교적 높고 단백질 섭취가 가능한 메뉴들이 잘 팔리고 있었습니다. 젊은 층이 많아서 맛은 자극적이고 혀끝에서 만족감을 주는 메뉴들이 인기가 있는 듯했습니다. 제가 현장에서 발견했던 메뉴는 마요네즈 베이스의 단백질이 풍부한 메뉴였습니다. 제가 햇반컵반 마케터로 많은 제품을 출시했지만 여러 메뉴 중에서도 젊은 타깃들이 특히 좋아한 제품은 스팸마요, 치킨마요 컵반입니다. 두 제품은 마요네즈의 진한 감칠맛이 특징이며 한 끼를 먹어도 고기를 먹고 싶었던 공시생들을 생각하며 개발한 메뉴입니다. 입에 착 붙는 마요네즈에 고기를 더한 메뉴들은 답답한 공시생들의 하루에 작은 위안이 되었으면 하는 바람으로 기획한 제품들이었습니다.

컵반은 출시 후에도 많은 진화가 있었습니다. 판매실적 분석을 통해서 젊은 타깃 소비자들이 국밥보다는 덮밥을 좋아한다는 인사이트도 파악했고 소비자 조사를 통해 소비자들이 무엇보다 제품의 가격에 민감하다는 것도 알게 되었습니다. 몇 년이 지난 지금은 다양한 제품들을 포트폴리오 전략에 맞게 상품화했으며, 이를 통해 소비자들의 많은 사랑을 받고 있습니다. 최근에는 보다 많은 밥과 소스로 제품의 중량을 늘린 빅 컵반, 사각 형태의 찌개밥 같은 메뉴들이 나오면서 진화하고 있습니다.

컵반은 컵밥이라는 기존의 시장을 소비자 지향적으로 접근해서 만든 제품입니다. 소비자를 지켜보고 발로 뛰며 찾아낸 메뉴들이기에 소비자의 호응을 얻고 성공할 수 있었습니다.

시장성이 있는 제품은 성공할 확률이 높다. 타깃 소비자의 라이프스타일을 관찰하면 새로운 제품이 보인다. 마케터는 소비자의 움직임 속에서 답을 찾고, 그들이 원하는 품질을 위해 최선을 다해야 한다.

30

행복한 콩은
왜 행복한가

보통 옛날 할머니들은 콩과 물과 간수로만 두부를 만들어왔습니다. 그러나 두부가 주로 가공식품이 되면서 많은 업체들이 생산량을 빠르게 늘리고 공정을 자동화하기 위해서 첨가제를 넣게 되었습니다.

일반적으로 가공 두부 업체들은 제조 과정에서 거품을 제거하는 소포제와 간수의 응고를 막는 유화제를 사용했습니다. 그러나 제일제당에서는 어떻게든 순수한 두부를 만들기 위해서 최선의 노력을 다했고 그렇게 탄생한 것이 '행복한 콩 두부'입니다.

2005년 과장 때였습니다. 당시는 신선 사업을 맡아 두부, 콩나물 등 냉장 식품을 키워가던 시기였습니다. 상온 물류가 대부분인 시절에 제일제당에서는 신선 물류 인프라를 구축하기 시작했고, 신선 제품으로 시작한 대표적인 제품은 두부와 콩나물이었습니다. 영업에서 두부같이 유통기한이 짧은 제품을 관리하기 위해서는 한 번이라도 더 매장을 방문하고 소비자를 만나야 됩니다. 이를 통해 회사는 신선냉장 물류의 경쟁력이 높아집니다. 반품이 나지 않고 빠른 제품 회전을 만들기 위해서는 SCM(공급망관리)도 체계적이 되므로, 두부는 냉장 물류의 기반상품으로 중요했습니다.

그러나 처음 두부 사업을 시작하려면 많은 투자비가 필요하기 때문에 투자를 결정하는 부서에서 반대가 심했습니다. "이 큰 회사 제일제당이 중소기업들이 하는 두부, 콩나물까지 사업을 해야 할까요?" 당시 부문장님께서는 신선 사업 확장에 대한 강력한 의지와 미래 식품 사업을 위한 비전을 가지고 계셨습니다. 몇몇 부서의 반대에도 불구하고 신선 사업의 인프라 투자에 대해 강한 의사를 표현하시기도 했습니다.

저는 그 산하에서 SOY(콩) 프로젝트를 맡은 과장이었습니다. 두부, 콩나물은 이미 소비자에게 익숙한 강력한 경쟁사가 있었고, 인프라 투자의 명분만으로 관련 조직을 설득하기에는 어려움이 있었습니다. 저는 신규 사업인 두부를 맡은 과장으로서 두부야말로 소비자에게 건강한 먹거리로서 미래의 식품이 될 수 있고 신선 사업의 기반이 될 수 있다고 생각했습니다. 때문에 많은 부서의 반대를 돌파해나가면서도 새로운 시장을 창출할 수 있는 신제품, 기존과는 다른 혁신적인 두부를 만들어야만 했습니다.

당시 회사에는 유명 광고회사 출신의 나이 드신 고문님이 한 분 계셨습니다. 지금과는 달리 저명한 마케팅, 디자인 고문님들을 한두 분씩 별도로 계약해서 마케팅에 대한 전략적 자문을 받던 시절이었습니다. 고문님께서는 브랜드의 콘셉트와 아이디어를 내는 일을 하고 계셨습니다. 젊은 시절 브랜드 스토리를 만들고 광고도 진행하시던, '한칼이 있는' 고문님이었습니다. 다들 그분의 날카로운 인상과 예리함 때문에 쉽게 다가가지 못했고 어려워했습니다. 그러나 저는 이상하게도 늘 남들이 어려워하는 분들에게 묘한 매력을 느꼈고, '섬세함과 예민한 감성은 비범함에서 온다'는 생각에 그분에 대한 호기심이 생기고 같이 일을 하고 싶은 마음이 들었습니다.

그러던 어느 날 조심스레 그분에게 다가가서 말씀을 드렸습니다. "고문님, 제가 두부 제품으로 새로운 브랜드를 하나 만들어야 하는데 기존과는 확실히 다른 브랜드를 하나 만들고 싶어요. 고문님이 한번 도와주시면 어떨까요?" 어렵게 다가가서 말씀을 드렸고, 고문님은 흔쾌히 응해주셨습니다.

고문님과 프로젝트를 하면서 우리는 수많은 날들을 새로운 콘셉트와 브랜드를 고민했습니다. 고문님께서는 한 달여를 고민하신 끝에 어느 날 A4 용지 한 뭉치의 워드 문서를 들고 오셨습니다. 당시는 전략서를 일반적으로 파워포인트 서너 장으로 정리했기 때문에 고문님이 들고 오신 한 뭉치의 문서를 보고 깜짝 놀랐습니다. 브랜드를 고민하느라 골몰하신 고문님의 정성이 수십 장의 워드 문서 속에 고스란히 담겨 있는 것 같았습니다. 문서에는 각 페이지마다 한 장에 한두 줄씩 정도로만 간결하게 내용이 쓰여 있었고, 종이를 한 장씩 천천히 넘기면서 설명하는 고문님은 흡입력 있게 저를 몰입시키고 있었습니다.

고문님께서는 종이 30여 장을 한 장 한 장 천천히 넘기면서 말씀하셨습니다.

"두부는 어떻게 만들어졌을까요?"

고문님은 옛날 할머니가 만들어준 두부의 방식은 무엇인지, 지금 시중에서 판매하는 두부는 어떻게 만드는지, 소비자들이 두부에서 가장 중요하게 생각하는 것은 무엇인지, 지금 우리가 개발하려고 하는 두부가 일반 가공두부와 다른 점은 무엇인지에 대해서 묻고 답하기를 반복하셨습니다.

저는 종이 한 장 한 장을 고문님을 쳐다보면서 같은 눈높이와 호흡으로 열심히 생각하고 대답해보았습니다. 고문님은 질문과 사색의 호흡을 이어가다가 "이번 신제품 두부는 콩과 물과 간수로만 만들어서 일반적으로 가공두부 제조에 사용하는, 기포를 제거하는 소포제나 두부를 굳히는 유화제를 쓰지 않았습니다"라고 말씀하시면서 잠시 호흡을 가다듬으셨습니다. 저는 천천히 진행되는 문답 속에서 소비자의 니즈가 구체화되는 것을 알게 되었습니다. 그리고 우리가 하고 있는 제품의 콘셉트가 자연스럽게 도출되는 것을 알게 되었습니다. 한 장 한 장을 따라가면서 나도 모르게 가슴이 쫄깃해지는 것을 느꼈습니다.

'두부 한 모가 무엇이라고 이렇게 깊은 고민을 하셨을까? 평범한 제품을 고민한다는 건 이런 것이구나' 하고 생각했습니다. 종이가 한 장씩 넘어갈 때마다 저는 다음 장에 쓰인 이야기가 무엇일지 너무나 궁금하고, 이러한 사연을 가진 제품이 어떤 브랜드로 만들어질지 무척 긴장이 되었습니다. 고문님은 설명을 이어가시면서 여러 장을 다시 넘기셨습니다.

남은 한두 장의 문서를 보다가 "콩이 첨가물 없이 두부로 태어났으니 얼마나 행복할까요?"라는 문장을 보게 되었습니다. 그 문장을 보고 저는 제품은 사람과도 같다는 것을 깨달았습니다. 그리고 마지막 장에 쓰여 있는 그 이름은 "행복한 콩"이었습니다. 그걸 보는 순간 저는 전율을 느꼈습니다. 뒷장에는 커다란 완두콩 모양의 콩깍지 속에 콩이 가지런히 들어 있는 모습과 함께 두부가 그려져 있었습니다. 마치 어머니가 순수한 마음으로 태어난 아기의 이름을 지은 것 같은 제품명. 화장기 없는 맨 얼굴이 깨끗하듯, 순수한 어린아이가 자라서 좋은 어른이 되듯, 콩을 갈아서 두부로 성장할 때 콩 그대로의 아름다움을 지키고 두부가 되어버린 행복. 그래서 콩이 자신을 지켜서 행복했다는 이야기….

그간 여러 브랜드를 직접 만들기도 하고 카피도 써본 경험이 있었지만, 탄탄하고 마음에 울림을 주는 '행복한 콩'이라는 브랜드 스토리를 듣고는 너무나 마음이 설레고 그날 밤 잠을 이루지 못했습니다.

결국 첨가제 없는 새로운 두부 제품으로 '행복한 콩'이 출시되었고 그 이름 때문에 많은 사람들이 호기심을 가지고 제품을 구매했습니다. 제품 패키지에는 옛날 할머니들이 만들던 방식의 두부 제조법을 자연스럽게 구현했다는 브랜드 스토리를 넣었습니다. 그러나 아쉽게도 그렇게 멋진 작품을 만들어주셨던 고문님께서는 몇 년 후 작고하셨습니다. '행복한 콩'은 그분의 유작이 되었던 것입니다. 지금도 십수 년이 지났지만 매장에서 그 제품을 볼 때마다 이름을 지어주느라 골몰하셨던, 누구보다 섬세하고 날카롭지만 그 누구보다 창의적이었던 그분을 기억합니다.

한 시대의 제품으로 소비자에게 감동과 울림을 주는 브랜드를 만들기 위해서는 누군가의 치열하고 벅찬 고민의 시간이 있습니다. 지금 매장에서 많은 소비자들이 선택하고 있는 '행복한 콩'의 스토리는 그런 이야기들로 만들어진 제품입니다.

TIP

잘 만들어진 브랜드야말로 가장 임팩트 있게 제품 콘셉트를 소비자에게 전달하는 도구다. 소비자는 브랜드 스토리를 통해서 브랜드의 철학을 이해한다. 잘 만들어진 브랜드는 제품에 숨을 불어넣는다.

4장

치열했던 28년의 삶

31

화장실에 갈 수 없는
신입사원

90년대의 제일제당은 '다시다'로 유명했습니다. 제일제당에 입사했다고 하니까 먹을 것이 많겠다고 주변에서 좋아했습니다. 명절 선물세트로 유명한 회사이니 어머니도 명절마다 선물을 기대하셨습니다. 제일제당은 많은 어머니들이 가정에서 쓰고 있는 소비재 브랜드를 가진 회사였습니다. '고향의 맛' 다시다의 광고는 90년대를 넘어 지금도 수많은 한국인들이 기억하는 광고입니다.

고향의 겨울에는 소리가 있습니다. 맛이 있습니다.
"애, 영수야~"
변함없는 고향의 맛 다시다. "그래 이 맛이야~"

쇠고기 국물맛, 쇠고기 다시다, 다시다!

제일제당은 당시 대한민국에서 광고 물량 기준으로 다섯 번째 안에 드는 회사이자 마케팅을 잘하는 회사, 많은 어머니들의 식탁 필수품을 판매하는 회사였습니다. 학부에서 식품을 전공한 저는 회사의 문을 조심스레 두드렸습니다. 저에게도 취준생 시절은 긴 시간을 참고서와 씨름하며 늘 막차를 타고 집에 오던 고달픈 나날이었습니다. 낯설고 힘든 여러 단계의 면접을 거쳐 제일제당에 합격하게 되었습니다.

1994년 입사한 제일제당 신입사원들은 서울 근교 연수원에서 합숙 교육을 받아야 했습니다. 교육은 한 달에 걸쳐 진행되었고, 연수원에 있는 동안 남녀 모두 똑같이 생긴 작업복을 입고 지냈습니다. 이 시기에 신입 동기들은 서로 금세 친해졌습니다. 그리고 친분을 쌓은 동기들과 함께 '신입사원의 역할은 무엇인가', '회사의 철학과 비전은 무엇인가'와 같은 기본적인 교육을 받았습니다.

남녀로 구성된 조를 짜서 팀을 이루고 첫 직장생활로 만난 동기들과 인사를 나눴습니다. 다들 사회 초년생이라 얼떨떨한 얼굴이었지만 새롭게 사회인이 된다는 사실에 설레고 긴장되는 모습이었습니다. 교육 시간에는 기본적으로 신입사원이 갖춰야 될 에티켓으로 전화를 받는 방법, 그리고 명함을 주고받는 법

등을 배웠습니다. 지금도 신입사원에게 전화 받는 법을 가르치는 회사가 있는지 잘 모르겠습니다. AI가 전화를 대신 받는 시대로 진화하고 있는 지금이니까요. 지금 생각하면 우스워 보일 수도 있지만, 저의 첫 신입 교육 시간은 매우 진지했습니다. 이제 곧 사회인으로서 고객을 응대한다는 생각에 고작 전화 받는 법일지라도 배운 것을 연습하고 또 연습했습니다.

아침에는 구보 프로그램이 있어서 팀 단위로 언덕을 뛰면서 체력을 만들었습니다. 20대의 창창한 젊음은 새벽 공기가 차가운지도 몰랐고 두려울 것 없는 아침이 즐거웠습니다. 점심시간 이후에도 교육은 계속되었으며 조별로 자기소개를 하면서 서로 알아가는 시간을 만들었습니다. 직장생활에서 동기라는 것이 얼마나 중요하고 힘이 되는지 그 젊은 날에는 알지 못했습니다.
우리는 저녁을 먹고 나서도 모여서 팀별로 주어진 과제들을 진행했습니다. 쉴 틈 없이 진행되는 일정에도 마냥 신이 나, 화장기 없는 얼굴로 순수한 열정과 생각을 나누었습니다. 가끔 그 시절이 그립게 느껴지기도 하지만, 다시는 돌아가지 못한다는 것을 알기에 마음 한편에 소중히 간직하고 있습니다.

한 달간 고된 시간을 함께 도전하고 체력도 만들면서 회사도 이해하고 다른 직원들도 이해하게 되었습니다. 사회에 나와서 처음으로 하는 다양한 업무 과제들을 혼자의 힘이 아닌 서로의 지혜를 모아서 하다 보니 시간 가는 줄 몰랐습니다. 아침저녁으로 얼굴을 마주하며 거의 가족처럼 한 달여를 살다가 우리는 헤어졌습니다.

각자의 부서로 배치가 된 후, 잘 차려진 옷으로 갈아입고 사회인으로 다시 동기들을 만나게 되었습니다. 연수원에서는 편하게 지내다가 차려입고 화장까지 하고 나타나니 서로의 얼굴을 못 알아보았습니다. 사회인으로 변한 서로의 모습을 보고 한참을 웃었던 기억이 있습니다.

부서 배치가 되고 나면 다양한 업무 이해와 실습을 위해 공장을 방문하게 됩니다. 신입사원들은 '백설표 식용유'와 '고향의 맛 다시다' 공장, '백설햄' 공장, 제일제당이라는 회사 이름의 모태가 된 '백설표 설탕' 공장을 방문했습니다. 각자 설탕 공장에서 하루종일 설탕 냄새를 맡거나, 식용유 공장의 대두유 라인에 들어가거나, 햄, 소시지 라인에서 포장을 돕는 등 각각 다른 공간에서 새로운 경험을 하게 되었습니다.

저는 인천에 있는 한 공장으로 배치를 받았고, 일주일간 합숙하면서 수많은 남자 직원들과 같이 교육을 받게 되었습니다. 인천 공장에서 생산 제품을 설명하시던 선배님의 열띤 제품 소개를 듣고 있다가 저는 불현듯 화장실에 가고 싶어졌습니다. 잠시 쉬는 시간에 선배님께 조용히 화장실이 어디에 있는지를 물어보았습니다. 그 순간 선배님은 살짝 당황한 얼굴로 대답했습니다.

"미안한데… 이 공장엔 여자 화장실이 없어요." 당시 공장 직원들 대다수가 남성이라 여자 화장실이 없었던 것입니다. 저는 체면이고 뭐고 생리현상은 해소를 해야 했기에 선배님께 잠시 양해를 구하고 남자 화장실로 뛰어들어갔습니다.

남자 화장실을 통째로 점령했던 사건은 그 이후에도 오랫동안 무용담이 되었습니다. '지금은 그런 일이 과연 있을 수 있을까?'라는 생각이 들지만 대졸 여사원을 처음으로 공채로 뽑던 시기였기에 그럴 수 있었다 싶습니다. 비록 제게 화장실 에피소드를 만들어 준 회사였지만 저는 그 당시 과감하게 많은 여성을 선발하고 신입사원들을 위해서 생산, 물류, 영업, 마케팅 등 모든 조직을 소개해준 회사가 재밌고 신났습니다.

과거에는 신입 채용 방식으로 공개채용(공채)이 많았습니다. 최근에는 점점 수시채용이 확대되는 추세입니다. 수시채용은 직무에 맞는 전문성으로 빠르게 직원들이 실전에서 일하는 장점이 있고, 공채는 동기라는 것이 생기면서 회사에 보다 많은 소속감을 갖고 유대감을 가질 수 있습니다.

오랜 직장생활 속에서 동기들은 힘들 때 서로 위로가 되어주었고, 지금도 우리는 가끔 젊고 해맑았던 신입 연수원 시절의 추억을 얘기하면서 웃음 짓곤 합니다.

TIP

새 출발의 설렘과 초심을 잃지 말자. 처음 만난 동료도 영원한 친구가 될 수 있다. 일이 힘들 때는 이 회사를 선택했던 나의 신입 시절을 기억하자.

32

유니폼을 입은
언니들

1994년이었습니다. 저는 신입사원으로 대리점 영업부서에 배치되었습니다. 지금은 대기업에서 볼 수 없는 광경이지만, 과거에는 마치 영화 〈삼진그룹 영어토익반〉처럼 신입 여사원들도 유니폼을 입었습니다. 제가 입사하기 전 여성 인력은 고졸 직원들이 대부분이었습니다. 그분들은 매달 매출을 정리하고 실적을 마감하는 업무를 맡았습니다. 지금은 이해할 수 없지만 그분들은 사무실 책상을 닦고 가끔은 과장님께 커피를 준비하는 잔심부름까지 해야 했습니다. 그간 회사 내에서는 여성 인력에 대한 인식이 명확하지 않아서인지 남자 선배들은 대졸로 입사한 여성 인력을 낯설어했고 우리를 어떻게 대해줘야 할지 몰랐습니다.

대졸 공채 1기로 입사한 여자 동기들이 서른 명 정도 있었습니다. 회사는 이들에게 어떤 역할을 부여해야 하는지도 잘 몰랐고, 여성이라는 이유로 보조적인 업무를 해왔던 기존의 여직원들과 유사한 일을 시키기도 했습니다. 손님들이 오면 커피나 음료수를 준비해달라고도 했는데, 그런 일이 유독 여성들에게만 맡겨진다는 것을 느낄 수 있었습니다. 또한 여성 직원들은 아침에 출근해서 사무실에 들어오면 유니폼으로 갈아입어야 했습니다. 남성들은 점퍼를 간단히 껴입었지만, 여성들은 스커트에 블라우스에 조끼까지 챙겨서 위아래로 다 갖춰 입어야 했습니다.

저는 '남자들과 똑같이 대학을 졸업하고 좋은 성적으로 대기업에 입사했는데 왜 이런 복장을 해야 하는 거지?' 하는 의문이 강하게 들었고, 이런 보수적인 문화를 받아들이기 힘들었습니다. 공채로 입사한 우리는 입사 첫해에는 필수적으로 영업직 경험을 해야 했습니다. 영업 직무의 분위기는 상대적으로 더욱 수직적이며 위아래가 확실한 위계질서를 가지고 있던 만큼 조직 내의 사람들은 그런 것을 당연하게 생각하는 듯했습니다.

저는 외근 영업업무를 마치면 퇴근 시간에 임박해 들어와서 유니폼을 갈아입지 않고 자유로운 사복으로 바로 퇴근을 하곤 했습니다. 사무실에 있기 싫어서 가능한 한 외근을 했고, 자유로운 복장으로 거래처 사람들을 만나고 현지에서 퇴근하기도 했습니다.

또한 신입사원 때 배웠던 교육은 주로 남성 입사자 위주로 진행됐기에 넥타이 매는 법, 벨트 매는 법과 같이 남성 복장과 관련된 에티켓 교육이 대부분이었습니다. 그 시간은 무척이나 괴로운 시간이었습니다. 여성들은 소수니까 어떠한 세분화된 교육도, 특화된 역할도 없었습니다. 당시에는 여성에 대한 인식이 '성공하는 남자를 위한 배우자 역할', '서포터 역할' 정도에 그쳤기 때문에 어떻게 보면 당연한 일이었습니다.

저는 인사팀에 찾아가서 복장이라든가 불공정에 대해서 여러 차례 얘기했습니다. 저와 같이 입사한 여성 동기들 상당수가 이런 것에 힘들어했고, 모이면 '이런 문화를 어떻게 바꿀 수 있을까'를 고민했습니다. 당시에는 싸움이 싫고 튀는 것이 싫어서 조용히 참거나, 한국 대기업 문화가 싫어서 외국계로 이직하는 동기들도 많이 있었습니다.

당시 우리 부서에는 고졸로 입사한 여자 선배 한 분이 계셨습니다. 상고를 나와서 오랜 시간 내근업무를 하는 분이었는데, 절 동생처럼 챙겨주셨습니다. 오랜 경험으로 마감도 척척 처리했고, 선후배와의 유대관계도 상당히 좋았습니다. 불합리한 일들이나 힘든 점을 얘기하면 그분은 조직생활의 경험으로 저를 설득시키고 달래기도 했습니다. 그분의 배려와 보살핌으로 저는 불합리하고 답답했던 영업 부서에서의 직장 초년생 생활을 잘 견딜 수 있었습니다.

　일 년간 영업 부서에서 배움의 시간을 보내고 저는 마케팅 부서로 이동했는데, 시간이 지나면서 어느 때부터인가 자연스럽게 사복을 입게 되었습니다. 학창 시절 내내 교복을 입지 않은 세대였던 저는 직장생활의 어려움보다 복장의 불편함이 더욱 크게 느껴졌습니다. 그래서인지 복장이 자유로운 마케팅 부서로 이동한 후에는 주도적으로 활기차게 일하게 되었습니다. 내 생각을 표현하는 기회를 늘려가면서 보다 적극적인 팀 멤버가 되려고 노력했습니다.

　지금은 많이 달라졌지만 그래도 많은 여성 인력들이 여전히 크고 작은 불합리 속에서 힘들게 일하고 있을 것입니다. 승진이 막혀 있거나, 정보가 차단되거나, 기득권층 속에서 고군분투하는 일종의 소수자 집단은 어느 조직에나 있기 마련입니다. 그러나 과거에 이런 보수적이고 힘든 문화 속에서 여성 인력들이 자신의 권리를 포기했다면 우리의 미래는 어떻게 됐을까요? 당시의 많은 여성 동기들은 상황의 불합리를 받아들일 수 없어 의견을 적극적으로 표출했습니다. 그리고 자기 분야에서 더욱더 일로써 승부하려고 노력했습니다.

　시간이 흘렀고 시대도 많이 변하고 있습니다. 과거보다 개인의 개성이 중시되고 존중받는 문화로 변해가고 있습니다. 새롭게 일을 시작하시는 분들, 낯선 조직에 투입되어 공정하지 않은 문화로 힘드신 분들도 많이 계십니다. 어떤 조직에서든 불합리하거나 구성원에 대한 존중이 부족하다면 목소리를 내야 한다고 생각합니다. 오랜 산업화의 역사 속에서도 대기업 대졸 여성 취업의 역사는 불과 30년도 되지 않습니다. 그러나 그동안 많은 사연의 시간이 있었습니다. 과거 수많은 선배들의 노력으로 오늘날 조금씩 여성 취업의 문이 확장되고 공정한 경쟁이 진행되고 있는 것입니다.

지금 일터에는 남성들의 틈바구니에서 외롭게 헤쳐나가는 여성들, 반대로 여성들밖에 없는 분야에 처음 도전하는 남성들이 있습니다. 나이가 지긋한 분들 속에서 혼자 버티는 젊은 분들이 있고, 젊은 분들만 가득한 곳에서 새로 시작하는 중장년 분들도 있을 것입니다. 어디서든 소수자로서 부당함을 느끼는 분들이 모두 조금씩 용기를 가졌으면 좋겠습니다.

우리가 이런 문화 속에서 진화하기 위해서는 먼저 각자가 소중하다는 생각을 해야 합니다. 또한 내가 속한 조직이 다양성을 인정하는 조직이 되도록 개인들이 스스로 노력해야 합니다. 우리의 노력이 후배들에게 큰 힘이 될 것입니다. 90년대에 사회생활을 시작한 수많은 여성 동기들이 그런 노력을 포기했다면 지금 사회에서 자리 잡아가고 있는 많은 여성 인력들, 그리고 회사의 미래를 만들어가는 여성 임원들은 없었을 것입니다. 불합리한 것을 배척만 하기보다는 시대의 상황을 인지하면서 자신의 방식으로 역할을 만들어나가는 것, 그리고 다양성의 새로운 문화를 함께 만들어가는 것이 중요합니다.

조직 내 불합리한 일들을 단순히 배척하기보다 자신의 방식으로 할 수 있는 역할을 찾아야 한다. 조직은 작은 목소리를 통해서 진화하고, 발전한다. 다양성과 존중을 통해 성장할 수 있다.

33

싱글 여성을 향한
획일적 시선

저는 싱글입니다. 아직은 그렇습니다. 시대가 많이 변해서 싱글들이 살기 좋아졌다고 하지만 여전히 이 사회에서 싱글로 사는 것은 눈에 띄는 삶입니다. 이 사회는 아직도 정상적인 가정을 결혼한 남녀와 자녀가 한둘 있는 가정이라 규정하고 있습니다.

사원 때부터 대리 직급일 때까지는 남들과 다를 것이 없었기에 특별할 것 없이 살았습니다. 그러나 팀장이 되자 팀 구성원들이 몇 차례 외부에서 저에 대한 개인적인 질문을 받곤 했습니다. "너희 팀장님은 결혼하셨니? 팀장님은 아이가 몇 명이니?" 하는 질문들이었습니다. 이후 많은 사람들이 제게 싱글이라 일하기가 쉬웠겠다거나, 싱글이라서 승진이 빨랐을 거라는 말을 쉽게 했습니다. 물론 육아도 하지 않았고 살림으로 보내는 시간도 비교적 적었던 건 사실입니다. 그러나 일이 삶의 절대적인 부분이기에 더욱더 치열하고 절박하기도 했습니다.

우리 사회는 남자와 여자, 비혼과 결혼 등 너무나 이분법적인 생각으로 사람들을 구분합니다. 그 프레임에서 조금만 벗어나면 낯설게 쳐다보고 호기심을 갖습니다. 그리고 바로 질문이 따라붙습니다. "왜요? 어쩌다가요?"

가끔 저는 제가 남자도 여자도, 아이도 어른도 아닌, 그런 존재처럼 느껴집니다. 나이가 중년이니까 어른인 것 같은데 싱글이니까 아이인 것 같기도 하고, 조직에서 남자들과 오래도록 같이해서 너무나 잘 어울리며, 일할 때는 추진력이 강해서 밀어붙이니까 남자 같기도 하고, 여자들끼리 모이면 감성적인 대화를 하고 공감도 잘 하니 천상 여자인 것 같기도 해서, 나는 누구인가 하는 복잡한 감정이 생겼습니다.

그러던 어느 날 제 고민을 들은 친구가 얘기했습니다.

"너는 남녀노소야."

그 말은 그간 제가 가지고 있던 편견의 프레임을 단번에 깨버렸습니다. "너는 중년의 여자이기 때문에 나이가 든 사람과 편하게 대화할 수 있고, 싱글이기 때문에 젊은 친구들과도 소통이 잘 되면서, 남성적인 조직에 오래 있었기 때문에 어느 나이의 남자를 만나도 대화가 힘들지 않으면서, 여자들이 몇 시간씩 앉

은자리에서 하는 끝없는 수다도 자연스럽게 할 수 있는 사람이야." 관점을 조금만 바꾸니 저는 그런 사람이었던 겁니다.

세상이 가지고 있는 수많은 편견, 소수자를 특이하게 보는 정서, 우리는 이제 그런 것들로부터 자유로워졌으면 좋겠습니다. 우리는 싱글들에게 쉽게 "아이들 안 키우니까 일하기가 쉽겠어요. 집에 가서 살림도 안 하시는데 야근 좀 더 하시죠"라고 말합니다. 1인 가구라도 집 안에 똑같이 산적한 일들이 있고 저와의 약속도 있는 데 말입니다.

오히려 아이도 키우지 않고 살림도 하지 않기에 우리에게 일은 더욱 절실합니다. 삶의 절대적인 부분이 일이기 때문입니다. 누군가를 부양해야 하는 생계 유지 목적으로 일하지 않아서 절박감이 없다고 하는데, 그러기에 계속해서 이 일을 해나가려면 더 큰 의지가 필요합니다. 아무 때나 그만둘 수 있지만 지속적으로 나를 몰고 가야 하는 건 그래서 더욱 힘들기도 합니다.

싱글 여성을 향한 획일적 시선을 보내는 것은 그들의 자유이지만, 받는 이에게는 늘 부담스러운 시선입니다. 시대는 변했지만 결혼의 자유, 비혼과 같은 단어가 활성화된 지는 그리 오래되지 않았습니다. 아이러니하게도 십수 년간 규격화된 시선을 버티다 보니 저는 언제부터인지 사람들의 눈에 시대에 맞는 트렌디한 싱글 라이프 스타일을 사는 사람이 되었습니다. 내 삶은 그대로이고 그 삶을 바라보는 시대의 눈이 달라진 것뿐인데 말입니다. 그래서 그 불편했던 타인의 시선을 받아들이면서 이제 저는 스스로를 트렌디한 사람으로 생각하기로 했습니다.

여러분은 어떤 사람입니까? 키가 작을 수도 있고, 아이가 세 명일 수도 있고, 얼굴이 못생겼을 수도 있고, 뚱뚱할 수도 있습니다. 사회가 갖고 있는 규정화된 시선, 획일화된 기준, 그런 것에서부터 우리 모두 벗어났으면 좋겠습니다.

외국으로 유학 한 번을 가지 않아도, 한 회사만 지독히 오래 다니고 있어도, 평범한 것 같지만 나만의 스토리가 있는 것입니다. 내가 비록 남들과 다른 삶을 살고 있어도, 시대의 시선이 바뀌면 내가 트렌디한 사람으로 보여질 수 있듯, 각자가 삶의 방향을 가지고 소신껏 살면 됩니다.

내가 말을 잘하지 못하면 글을 쓰면 됩니다. 내가 논리적이지 못하면 감성적인 매력을 발산하면 되는 것입니다. 내가 한 회사밖에 안 다녀 우물 안 개구리가 될까 걱정이 된다면 그것은 회사의 역사를 누구보다 잘 알고 사내 네트워크가 좋다는 장점이될 수 있고, 내가 외부에서 온 경력사원이라 적응이 어렵다면 남들과는 다르게 새로운 관점으로 회사의 업무를 개선할 수 있을 것입니다.

자신이 가진 것은 평범하게 보일지라도 자신만의 개성이 되는 것입니다. 남들과 다르기 때문에 저의 상품성은 더욱더 가치 있는 것이니까요.

평범한 제품도 시간이 지나면 어느 날 시대의 변화 속에서 멋진 보석이 될 수 있습니다. 오래된 향수를 자극하는 레트로 트렌드가 유행을 하고 감각적으로 보이기도 합니다. 가끔씩 히트하는 역주행 작품들도 그런 것이 아닐까요? 여러분을 향한 편견은 '문제화의 문제'일 뿐, 보다 자유로운 생각으로 자신을 사랑하면 누구나 더 주도적이고 성취 지향적인 삶의 주인공이 될 수 있습니다.

TIP

다양성을 인정하는 사회가 오고 있다. 자신만의 특징을 사랑하자. 내가 남들과 다른 것은 나만의 독특함이고 차별화된 강점이 될 수 있다.

34

프런티어의
고독

저는 언제나 프런티어(선구자)였습니다. 제가 입사할 당시의 제일제당은 최초로 대졸 여성을 공채로 뽑은 시절이었기에, 여성에게 대기업에 시험을 보고 들어가는 것이 대단히 낯설고 새로운 때였습니다.

당시 여성들의 롤모델은 삼성 공채 출신의 여성 과장님이셨고, 그분은 아마 홍보 업무를 하셨던 것 같습니다. 대기업 여성 과장이라는 이유만으로도 신문지상에 오를 만큼 대단하게 여겨지던 시절이라 회사 내에 그분을 모르는 사람은 없었습니다. 그분은 사내 방송에도 자주 얼굴이 보이셨고 많은 분들의 관심을 한몸에 받고 계셨습니다. 시간이 지나면서 그분의 일은 소비자 관련 업무로 변화가 있었고, 결국은 과장의 자리에서 오랜 기간 근무하다가 퇴직하셨습니다. 그분이 더 높은 직급으로 승진하기를 내심 바라면서 저는 그분을 지켜보고 있었습니다. 저 또한 그분의 퇴직으로 아쉬움이 많았는데, 여성 인력이 과장 이상의 벽까지 넘는 것도 쉽지 않다는 현실에 좌절하기도 했습니다.

시간이 흘러서 저도 과장이 되었습니다. 그리고 몇 년이 흐른 뒤 신선 사업을 맡는 카테고리 팀장이 되었습니다. 부문장님이 저의 적극성을 좋게 봐주셨고 주변의 반대도 있었겠지만 여성 최초 팀장을 시켜주셨습니다. 사내에는 여성 팀장이 없었고 저는 어느 부서와 미팅을 해도 팀장급에서는 홍일점이었습니다.

어느 날은 부문장님이 여러 팀장들을 모아서 축하파티를 하고 있었습니다. 부문장님은 평소에 늘 격의 없이 솔직하게 소통하시던 분이어서인지 그날도 회식 자리에 모든 남자 팀장을 모아놓고 한마디를 하셨습니다. "이주은 님, 이주은 님을 팀장 시키려니까 주변에 반대가 많았어. 자기들 밥그릇 뺏긴다고 싫어하더라고." 말씀이 끝나자마자 순간 분위기는 싸하게 변해갔고, 주변의 남자 팀장들은 저와의 시선을 피하면서 고개를 떨구었습니다.

아뿔싸! 저는 만인의 적, 공공의 적이었던 것입니다. 막연하게 생각만 하고 있던 것을 말로 직접 듣게 된 것이었습니다. 남자 팀장들과 비교적 잘 지낸다고 생각은 했지만 늘 뭔지 모를 어색함이 있었는데 그 진실을 알게 된 순간이었습니다. 부문장님의 말씀을 듣고 순간적으로 저는 무척 당황스러웠습니다. 그러나 그분의 솔직한 그 말씀으로 우리는 서로의 벽을 그제야 분명히 확인할 수 있었고, 그것을 알았기에 그 벽을 허물 수도 있다는 것을 알게 되었습니다. 이제는 제가 조금 더 당당해져도 된다는 것을…. 그리고 그 벽은 무너뜨리면 된다는 것을. 저는 오랜 시간이 지난 지금도 그날 밤을 잊을 수 없습니다. 그리고 부문장님이 그 말씀을 모두에게 해주신 것에 감사한 마음이 들었습니다.

팀장 생활을 하면서도 많은 시선을 받았습니다. 신선 사업은 전국에 영업망을 가지고 있었고, 전국의 지점장님들이 다 모여서 영업회의를 하면 마케팅팀장은 무조건 참석해야 했습니다. 영업 지점장님들은 어린 여성 팀장이 맡은 제품에 대해서 거침없이 불만을 털어놨습니다. "그 제품 안 팔려요. 경쟁사가 얼마나 싸게 들어오는데. 영업 현장은 가보고 있는 건가요? 광고를 좀 과감하게 틀든지, 가격을 팍팍 내려서 좀 주든지 해주세요." 영업회의에서는 언제나 듣던 일반적인 이야기인데 어리고 자존심만 강했던 저는 늘 억울하고 분했습니다. 왠지 나에게만 더욱 가혹하게 얘기하는 건 아닌가, 하는 생각이 든 적도 많았습니다. 삼십 명의 남자들을 대상으로 전쟁을 치르면서 나 홀로 외딴섬에 앉아 있는 것 같은 느낌, 방패도 없이 칼을 맞고 있는 느낌이었습니다.

매번 회의 시간을 이렇게만 보낼 수 없다는 결심을 굳히고 있던 어느 날이었습니다. 그날도 회의가 끝나고 단체 회식이 있었습니다. 저는 평소와 달리 그날은 작정을 하고 술자리에서 미친 듯이 술을 마셨습니다. 젊고 체력도 좋던 시절이라 마음 가는 대로 술이 들어갔습니다. 그러고는 그 자리에 있는 많은 분들과 거침없이 이야기를 나누었습니다.

'나는 그동안 회의할 때마다 이러저러한 게 억울했고, 내 제품은 이렇게 좋은 제품이며, 경쟁사가 싸게 나와도 팔 수 있다'라는 저의 신념을 전달했습니다. 또한 영업 현장의 어려움도 가감 없이 저에게 가르쳐 달라고 하면서, 같이 머리를 맞대고 방법을 찾자고 외쳤습니다. '불만보다는 대안을 찾는 게 마케팅이다. 그냥 현상만 얘기하고 혼내는 듯한 이런 회의 분위기로는 서로에게 발전이 없다'라고 외치면서……

그분들도 처음에는 당황하시더니 서서히 호응하면서 다가왔습니다. 회의 때 보여주었던 날선 모습을 내려놓고 인간 대 인간으로 다가가자 말이 통하기 시작했습니다. 그 순간 그분들은 오빠이고 남동생이며 삼촌이었습니다. 저는 깨달았습니다. 마음의 빗장은 그들이 잠근 것이 아니고 내가 만든 것이란 것을. 나 혼자 여자라는 이유로 그들에게 벽을 만든 건 아닌지. 비록 술의 힘을 빌렸지만 평소에도 좀 더 솔직하고 담백하게 소통했다면 그들은 친절하게 나에게 선배로서 가르쳐줬을지도 모른다는 것을 알게 되었습니다.

  나약함은 죄가 아닙니다. 무언가 요청하지 않은 것이 죄입니다. 낯선 것은 새로울 뿐 두려워할 필요가 없습니다. 자존심을 가지고 이겨보려던 제 작은 마음이 그들로부터 나를 선 긋게 했다는 걸 그날 밤 알게 되었습니다. 프런티어의 고독은 제가 만든 고독이었는지도 모릅니다. 어떠한 조직에도 프런티어는 있는 것이고, 그분들은 다 그 과정을 거쳐서 지금의 지위에 오를 수 있었다는 것을 알게 되었습니다. 그래서 한 회사의 대표님들은 더욱 고독하고 외로울 것입니다. 프런티어의 고독은 힘들지만, 그러나 내가 길을 새롭게 만들어 간다면 나의 다음 사람, 다음 세대는 그 길에서 마음껏 뛰어놀 수 있는 것이 아닐까 하고 생각합니다.

TIP

어디에나 프런티어는 있다. 내가 처음인 것을 두려워하지 말아야 한다. 누군가와 선이 그어진 것은 그들이 아니라 나 때문일 수도 있다. 다가가라. 그러면 문은 열릴 것이다. 낯선 것을 두려워 말고 도전하자.

35

대한민국 1%,
여성 임원이 되는 것

　대한민국 여성의 사회적 참여도와 지위는 여전히 낮습니다. 굳이 OECD 여성 인권 순위를 말하지 않아도 그렇습니다. 여성 대졸 취업률이 지속적으로 높아가고 있고 많은 알파걸들이 사회 진출을 활발히 하고 있습니다. 그러나 직장의 현실은 다릅니다. 과거보다는 회사 내 과장, 부장급 인력에 점진적으로 여성이 많아지고 있습니다. 그러나 대한민국에서 대기업 여성 임원은 1% 미만으로 여전히 낙타가 바늘 구멍으로 들어가는 것만큼 어렵습니다.

　사회가 발전하고 여러 기업들이 여성 친화 기업이 되면서 여성의 근로 환경, 복지 문제를 개선하고 있습니다. 그러나 사내

외 인프라 측면에서는 아직도 많은 문제점이 있습니다. 국가 차원에서도 많은 제도적 보완을 하고 있지만 여성 인력이 임원의 자리까지 오르는 것은 왜 여전히 힘이 들까요? 사회가 만든 유리천장이라는 선입견 때문일까요? 지금도 사회적으로 해결되지 못하고 있는 육아 시스템에 대한 인프라 문제일까요?

여러 원인 중에서도 여성 경력에 가장 영향을 미치는 것은 임신과 출산으로 인한 경력단절입니다. 조직 내 위치를 한창 높여가며 능력을 발휘할 때 일 년 이상의 육아 공백을 갖게 되면 다른 직원들보다는 트렌드나 일에 대한 감각이 떨어지고 회복의 시간이 걸리는 것이 사실입니다. 그러나 다행스럽게도 이 부분은 각 회사들이 인프라를 갖추려고 노력하고 성평등의 관점에서 남성 직원들에게도 육아휴직의 기회를 주고 있기 때문에 점진적으로 해결될 것으로 기대합니다.

임원이 되고 나서 많은 분들에게 질문을 받아왔습니다. 특히 어떻게 하면 여성 임원이 될 수 있는지 궁금해하는 분들이 많았습니다. 따라서 조직 내 리더로서 성장하고 싶은 분들, 목표를 가지고 여성 임원에 도전하는 분들을 위해 몇 가지 임원이 되는 데 중요한 점에 대해 이야기해보고자 합니다.

첫 번째로 중요한 요소는 페이스 조절 능력이라고 생각합니다. 조직에서 여성들은 대체로 자기 일을 잘합니다. 사원에서 대리까지는 특히나 제한된 영역에서 일을 하는 만큼 책임감 있게 일을 합니다. 문제는 하나의 과제를 맡고 과도하게 올인하는 분들입니다. 그러다가 조직의 갈등 상황이나 스스로의 한계를 만나면 번아웃 되는 후배를 많이 봤습니다.

여성분들 중에는 체력적으로 남성보다 약한 분들이 많아서 일의 양이 많아지거나 감당할 수 없는 상황이 오면 방전되어버리는 분들이 있습니다. 남녀 누구나 예민한 성향이거나, 스스로에 대해 완벽을 추구하면서 일을 할수록 빠르게 번아웃 되는 경향이 있습니다. 그러므로 긴 레이스라는 생각을 가지고 체력과 마인드셋을 강하게 유지해야 합니다. 한 회사에 계속 머물지 않더라도 어디서든 오래도록 일을 하려면 역시 지속적으로 일할 수 있는 몸과 마음을 갖추고 있는 것이 중요합니다.

두 번째로 팀장 이상의 직급이 되면 혼자 일을 잘하는 것보다는 구성원들을 이끌고 이를 활용할 수 있는 힘, 즉 타인의 힘을 이용해서 일을 해나가는 리더십이 중요합니다. 팀장의 경우 힘의 중심이 본인에게만 있는 것이 아니라 후배들이나 관련된 다른 부서들을 통해서 자신의 프로젝트를 완성해야 하기 때문에 조직적으로 일하는 능력이 필요합니다.

여성들은 다른 사람에게 일을 지시하거나 리드할 때 상대적으로 어려움을 느끼는 경우가 많습니다. '아! 내가 일을 많이 시켜도 되는 건가? 저 친구가 더 힘들지 않나? 그냥 내가 해버리는 게 빠른데' 하면서 스스로 일을 처리하거나 과감하게 후배들에게 일을 주는 것을 두려워합니다. 주요 포스트로 성장하면서 조직 내에서 큰일을 맡고 리드하려면 혼자서는 다 할 수 없습니다. 역학관계를 알고 조직 전체의 힘을 활용하는 리더십이 필요합니다.

세 번째는 네트워크입니다. 여성들은 상대적으로 정보력이 많이 부족하고 여전히 조직 안에서 소수이기 때문에 고급 정보를 접할 기회가 많지 않습니다. 육아나 가사 등으로 시간이 부족한 여성들의 경우는 더욱 서로 간의 연대감을 가질 시간과 여력이 부족합니다. 업무 외의 시간에 네트워크를 통해 추가적인 정보를 파악하거나 정치력을 발휘하기가 쉽지 않습니다. 남자 선후배들이 갖는 정보의 공유나 끈끈한 인맥 같은 것들이 많이 부족하기 때문입니다.

그러나 최근에는 남녀간의 가사 분담도 대체로 적정하게 이뤄지는 만큼 여성들도 더 많이 네트워크를 구축할 수 있는 시대입니다. 저의 경우 주중에는 가급적 다른 부서의 사람들과 식사를 하려고 노력했습니다. 52시간 근무제 이전이라 가끔 주말근무를 하던 시기에는 사무실에서 다른 부서의 누군가를 만나면 차 한잔 마시면서 새로운 이야기를 듣곤 했습니다. 이제는 오프라인 네트워크보다는 온라인상으로 더 많이 소통하며 대화가 이루어지고 있습니다. 시간이 갈수록 조직 내 여성 인력이 지속적으로 늘어가는 만큼 여성들도 조직 내 파워를 가질 수 있습니다. 서로 간에 뜻을 모아 연대하는 힘이 필요합니다. 스스로가 소수자라는 생각에서 벗어나야 합니다. 정보도 적극적으로 공유하고 서로가 연대감을 갖는다면, 여자로 인해서 여자가 성공할 수 있는 분위기가 만들어질 수 있다고 생각합니다.

네 번째는 조직의 판을 읽는 능력입니다. 과장이 부장이 되고 부장이 임원이 되려면 사내 정치에도 관심을 가져야 하고, 조직 내 '게임의 룰'을 이해해야 합니다. 많은 분들이 '내가 열심히만 하면 조직이 알아주겠지. 때가 되면 내가 한 일을 알게 되겠지' 하고 생각합니다. 그러나 대기업의 경우 한 직장에는 수천 명의 직원이 있습니다. 서로가 한 일을 속속들이 알아주기에는 어려움이 있습니다. 일을 잘하는 사람도 너무나 많고 돋보이는 성과를 만드는 사람도 많기 때문입니다.

내가 그 조직 안에서 어떤 경쟁력을 갖고 있는지, 그리고 그 경쟁력을 어떻게 어필해야 하는지를 알아야 합니다. 나의 역량은 무엇이고 회사 내는 물론, 회사 밖에서도 나의 어떤 능력이 전문성으로 인정받을 수 있는지를 파악해야 합니다. 회사에 있는 동안은 회사의 방향과 내가 맞는 사람인지, 회사가 추구하는 인재상과 내가 맞는지를 생각해야 합니다. 이런 것들을 복합적으로 볼 수 있는 회사의 '게임의 룰'을 이해하는 게 필요합니다. 결국 모든 회사의 경영진은 회사의 철학을 아는 인재를 필요로 하기 때문입니다. 회사의 미래를 설계하고 핵심역량을 갖춘 인재여야 임원으로서 보다 큰 그림을 그리고 미래의 전략과 실행을 맡길 수 있기 때문입니다.

아직도 우리나라 여성 임원이 1%도 안 되는 현실은 많이 안타깝습니다. 제도의 문제, 인프라의 문제는 회사와 국가가 조금씩 개선하고 있다는 희망을 가지고 스스로의 가치를 키워나갔으면 합니다. 본인의 강점을 스스로 어필하고 성별을 떠나 다양한 동료들과 같이 연대해나갔으면 합니다. 조직의 구조를 이해하고 시대에 맞는 리더십과 전문성을 갖춰나간다면 앞으로는 보다 많은 여성 임원이 나올 것으로 생각합니다. 미래 대한민국에는 현재보다 훨씬 높은 수준의 경쟁력을 갖춘 기업 임원은 물론 글로벌 회사에서도 한국 여성 임원들이 나올 수 있을 것이라고 생각합니다.

TIP

조직의 리더로 성장하고 임원으로 올라가기 위해서는 나 자신의 속도가 중요하다. 자신을 컨트롤할 수 있는 상황에서 조직의 구성원들과 한 방향으로 나가야 하고, 조직 내외의 유기적인 네트워크를 통해 조직의 방향성을 읽을 수 있어야 한다.

36

골프와 마케팅의
닮은 점

골프와 마케팅은 닮은 점이 많습니다.

골프는 처음에는 어떻게 시작해야 할지 겁이 나고, 시작한 후 여러 사람들과 같이 라운딩을 할 때부터는 게임의 룰은 어떠한지, 누구보다 잘 쳐야 할지, 공은 어디로 보내야 하는 건지 종잡을 수가 없습니다. 마케팅도 그렇습니다. 전략의 시작은 어떻게 되는 것인지, 시장의 게임의 법칙 속에서 경쟁사보다 어떻게 잘 팔아야 하는 것인지, 어떠한 방향으로 포지셔닝을 하고 소비자 이미지를 만들어야 하는지 고민하게 됩니다.

골프는 어디를 목표로 에이밍을 해야 하는 것인지, 어디에다 힘을 주고 쳐야 하는지, 투온, 쓰리온을 하려면 어떻게 해야 하는지 나름의 전략이 필요합니다. 마케팅은 어떤 타깃을 목표로 하고 가는 것인지, 제품의 맛과 가격의 정도는 어떻게 해야 목표에 도달하는 것인지를 정해야 합니다. 상품의 가격에 힘을 줘야 하는지 디자인에는 힘을 빼야 하는지, 광고비에 힘을 줘야 하는지 그저 현장 판촉비에 힘을 줘야 하는지, 얼마 만에 소비자 손에 닿게 할 것인지가 필요합니다. 골프에서는 한 타 한 타 몰입해야 점수가 나듯, 마케팅에서 신제품 개발의 수많은 프로세스도 하나하나 공을 들여야 대박 상품이 되니, 골프와 마케팅은 참 많은 공통점이 있습니다.

직장인의 골프에 대한 재미있는 일화가 하나 있습니다. 부장 때 골프를 치면 '일도 안 하고 부장이 골프만 치니 임원이 되겠어요?' 하고 윗분들끼리 얘기하시다가 누군가 임원이 되어서도 막상 골프를 못 치면 '아니 임원이 되어서 골프도 못 칩니까?' 하는 소리를 듣게 된다고 합니다.

저는 임원이 되기 전에 골프를 시작했습니다. 제가 일한 회사는 스포츠마케팅의 일환으로 골프 대회를 스폰하는 회사라 사내에서도 임원들에게 골프를 치는 기회가 많았고, 저도 언젠가는 임원이 되겠지, 하면서 준비해야겠다는 생각만 하고 있었습니다.

임원이 되기 1년 전, 어느 임원께서 전화를 주셨습니다. "이

주은 님! 5월 1일에 라운딩 나갑니다. 빨리 준비해주세요." 저는 깜짝 놀라서 "죄송합니다. 저는 골프를 아직 시작도 못했는데요. 그래서 힘들겠습니다." 그러자 "무슨 소리예요. 임원 되려면 그냥 시작하시는 겁니다. 우리 회사가 골프 대회도 몇 년째 하고 있는데 얼른 시작하셔야죠?" 그러고는 제가 잠시 머뭇거리는 동안 전화는 끊어졌습니다.

그 당시 사업부장이었던 저는 새로운 골프 프로젝트의 미션을 받은 것처럼 빠른 시간 안에 잘 해내야 될 것 같은 느낌이 들었습니다. 전화를 받은 날은 3월 15일. 아! 한 달 반 만에 저는 골프를 완성해야 했습니다. 기획 업무를 하시는 주요 임원분의 제안을 제가 거부할 수도 없고, 가슴이 콩닥콩닥 뛰고 조바심이 났습니다. 저는 당시 회사 내에서 성장하는 주요 카테고리 사업을 맡고 있는 만큼, 매달 높은 목표를 가진 사업 실적을 달성해야 될 책임이 있었습니다. 그러나 그때의 저는 매출 숫자를 맞추는 것보다도 골프를 제때, 별 탈 없이 머리 올리는 것(골프에서 필드에서 첫 라운딩을 시작하는 일)이 너무도 중요했습니다. 저 때문에 게임 진행이 안 되면 그것이야말로 민폐이기 때문이었습니다.

그날 오후부터 저는 골프 레슨을 시작하고 일주일에 두 번씩 퇴근과 더불어 미친 듯이 연습을 했습니다. 마케터가 통상 새로운 일을 시작할 때 목표를 구체화하는 것처럼 제 목표는 '나와 같이 가는 분들이 부끄럽지 않을 정도로 따라가겠어.' '아! 4명이 골프를 치니까 타깃 목표는 3등 정도는 해야지! 꼴등만 아니면 돼'라는 소박한 것이었습니다. 마케팅적으로 저의 포지셔닝은 '저 분은 초보지만 그래도 자세는 좀 잡는구나 하는 소리는 들어야지'였습니다. 제 스스로에 대한 목표를 생각하면서 걱정 속에 잠들었습니다. 다행히 첫 라운딩이던 그날은 3등의 포지셔닝을 하면서 미움받지 않을 정도의 성과를 만들었습니다. 물론 골프 선배님들이 친절하게 가르쳐주셨고 밥도 사주시고 경기도 즐겁게 마무리했습니다. 그날 이후 회사 내에서 좋은 분들과의 골프 인생이 무탈하게 시작되었습니다. 단기 프로젝트처럼 밀어붙여주신 임원분께 지금도 감사하는 마음이 있습니다.

골프와 마케팅은 닮은 점이 많습니다.

매 순간 몰입을 해야 하는 것이 닮았습니다. 골프는 한 타 한 타 칠 때마다 몰입하지 않으면 엉뚱한 방향으로 공이 튀어버리고, 목표가 정확하지 않으면 저 멀리로 공이 사라져버립니다. 마케팅도 그렇습니다. 내 제품이 고객을 향한 콘셉트의 방향성이 명확하지 않으면 제품 개발이 안 되거나, 런칭이 잘 되어도 어느새 제품은 시장과 소비자에게 강렬함을 남기지 못하고 사라져버립니다. 아무리 골프를 잘 치는 고수도 한두 타만 실수하면 타수가 90에서 100대로, 80에서 90대로 바로 넘어가는 것이 골프입니다. 제품도 마케팅 전략에서 한두 가지만 간과해도 매출이 바로 떨어지고 새로운 경쟁자에게 자리를 넘겨주고 맙니다.

　골프는 폼을 멋지게 구사하면 칭찬받습니다. 신제품도 비주얼과 컬러룩이 뛰어나면 사람들의 눈에 바로 띕니다. 처음 골프를 칠 때 많은 사람들이 티샷에 서 있는 저를 쳐다봅니다. '허리를 세우세요.' '다리를 너무 벌렸어요.' '어깨가 잘 안 돌아가는데요.' 누군가 내 자세를 계속 지적할 것만 같은 두려움 속에서 공을 칩니다. 에이밍을 잘하고 몸통을 예쁘게 돌려서 치는 것. 그것은 출시된 패키지가 머리부터 발끝까지 멋진 포즈로 매장의 선반 위에 예쁘게 진열되어 있는 것과도 비슷합니다.

　골프를 잘 치면 신이 납니다. 좋은 상품도 좋은 스코어로 많이 팔리면 즐겁습니다. 탐나는 골프 스코어를 만드는 게 무척 어렵듯이, 히트 상품이 되어 탐나는 매출 성적표를 만드는 것은 어렵습니다. 골프를 하면서는 사람들과 소통할 수 있습니다. 사람들과 라운딩 하면서 오랜 시간을 이런저런 대화를 하면서 무척 가까워집니다. 제품도 콘셉트와 이미지를 통해 소비자와 소통합니다.

　골프도 마케팅도 목표가 있고 방향성이 중요하며 소통을 통해 하나둘 성장해 가는 것이 닮았습니다. 잘 되지 않는 골프 스코어가 얄미운 것처럼 마케팅도 잡힐 듯 잡히지 않는 소비자를 끝없이 관심 갖고 연구해야 하는 분야입니다.

TIP

골프도 마케팅도 타깃을 정하고 명확한 방향성을 가져야 한다. 목표를 세우고 단계별로 도전해야 좋은 스코어를 받는다. 단계에 맞는 전략 실행을 통해서만 성장하고 발전한다.

37

크리스마스의
악몽

대기업 임원으로 산다는 건 늘 연말에 가슴을 졸이며 사는 것입니다. 연말이면 가슴에 구멍이 하나씩 나는 일이 기다립니다. 임원들은 정규직이 아니라서 매해 프로야구 선수처럼 한 해의 연봉을 계약해야 합니다. 재계약이 되지 않으면 지속할 수 없는 계약직입니다. 임원 때는 남부럽지 않은 연봉과 남들이 알아주는 명함, 그런 것에 익숙해져서 그것이 영원히 자신의 것이라고 착각하면서 살곤 합니다.

큰 조직에서는 방향성만 제시해주면 우수한 인재들이 발 빠르게 일합니다. 거대한 목표가 있고 업무가 분업화되어서 모두가 목표를 향해서 달려갑니다. 전 조직이 체인처럼 연결되어 각자의 역할에 맞게 조각조각 일을 하고 이것이 합쳐져 고객의 가치를 만들며 이윤을 창출합니다.

해마다 연말이 다가오면 조직은 늘 술렁거리고 새로운 임원이 생기면서 조직을 다시 세팅하고 출발해나갑니다. 언젠가 선배가 했던 말이 생각납니다. 조직은 일을 잘한 사람들과만 꾸준히 하는 것이 아니고 앞으로 새롭게 만들어갈 사람들과 변화를 통해 성장하는 것이라고. 그 얘기를 들을 때는 무슨 말인지 몰랐습니다. 스스로를 믿었고 꾸준히 잘할 거라고만 생각했기 때문입니다.

조직은 유기체와 같아서, 시대가 변하면 새로운 인재가 필요하고 젊은 세대와의 교체를 통해서 진화한다는 말도 떠올랐습니다. 아이가 크면 어른이 되고 어른도 나이가 들면 노인이 되듯, 직장인으로 사는 것도 세월에 맞게 변화하는 것이고 누구에게나 언젠가는 퇴직의 순간이 오는 것입니다. 대표이사도 본부장들도 오너가 아니기에 언젠가는 자신에게로 돌아가야 하는 것입니다. 최근 많은 젊은 분들이 직장생활을 하지 않고 바로 사업을 시작하는 것도 결국 영원한 직장인은 불가하다는 걸 알기 때문입니다. 자기 사업만이 자신의 브랜드가 되는 것입니다.

그날은 크리스마스 이브였습니다. 대표이사님이 조용히 불러서 퇴직에 대한 말씀을 해주셨습니다. 저는 덤덤히 듣고 나서,

그동안 많은 선배들이 하듯이 마음을 정리했습니다. 다행히 저녁으로 가고 있는 늦은 오후라 사무실에는 직원이 별로 없었고, 마음을 추스르기에도 좋은 시간이었습니다. 나는 지금부터 무엇을 해야 하는가. 어떻게 짐을 싸야 하는가. 영화에서 보듯이 박스 하나 들고 뚜벅뚜벅 걸어가는 마지막 장면을 연출해야 하는가… 자신이 없었습니다. 영화에서 비치던 햇살도 없었고 짐들을 한 박스로 쌀 수도 없었습니다. 그동안 너무도 오랜 시간을 다닌 직장이라 짐도 많고 주변 시선도 부담스러웠기 때문입니다. 사무실에 남아 있던 친한 팀장에게 얘기하자 처음에는 당황하면서 무척이나 놀라는 눈치였습니다. 그러나 임원의 갑작스런 퇴직을 늘 봐왔던 대기업 팀장이라 곧 담담하고 침착하게 저를 상대해줬습니다.

아무것도 하고 싶은 생각이 나지 않아서 조용히 퇴근해야겠다고 생각했습니다. 팀장에게 저의 짐들은 좀 싸서 집으로 보내달라고 부탁했습니다. 회사를 선택하고 들어가는 것은 내 맘대로였지만 나오는 것은 내 맘대로가 아니었습니다. 자신에 대해서 늘 관대했던 것이 아니었나, 하는 생각이 들면서도 한편으로는 그동안 수고한 나에게 '이젠 그만하고 쉬자'라고 말하는 연민의 감정도 올라왔습니다.

평소에는 퇴직을 하면 어떤 구성원에게 연락을 할지, 무엇을 부탁해야 할지 생각하며 살았는데 막상 아무것도 누구도 기억나지 않았습니다. 집에 와서 친한 후배 몇 명에게만 전화를 돌렸습니다. "지금은 덤덤하게 인사하는데 내일의 감정은 자신이 없어. 그동안 고마웠어…"라고 말하는데 상대방 전화기 뒤에서 흐느끼는 소리가 들렸습니다. 저와 십수 년을 같이한 후배의 음성에서 오랜 감정과 설움 같은 것이 느껴졌습니다. 그리고 저는 밤새 잠을 못 이뤘습니다.

살면서 우리가 죽는 순간을 미리 알고 암이나 심장마비와 같은 죽음의 방식을 선택할 수 있다면 저는 늘 심장마비를 선택해야 한다고 생각했습니다. 전날까지는 즐겁게 웃다가 소리 없이 사라지는 것, 그것이 행복이라 믿었습니다. 저는 직장생활의 심장마비를 당한 것이었습니다. 그것도 크리스마스 이브에 말이죠.

크리스마스가 다가와서인지 제 짐이 집에 도착하는 데는 시간이 꽤 걸렸습니다. 크리스마스 시즌이라 교통체증이 심했기 때문입니다. 그날따라 길거리로 쏟아져나오는 사람들의 미소가 저에겐 그렇게 즐겁게만 보이지는 않았습니다. 그렇게 저의 직장생활을 함께했던 수첩, 필기구와 개인 물건들이 몇 시간 만에 집에 도착했습니다.

직장은 때로 괴로운 공간이지만 즐거운 놀이터이기도 합니다. 친구들이랑 어울려서 신나게 놀고 싸우다가도 해가 떨어지면 하나둘씩 집으로 가야 하듯, 언젠가는 다 놀고 나서 집으로 돌아가야 하는 곳입니다. 정해진 시간 동안 그 안에서 힘들게 일하지만, 그것의 결과로 저만의 새로운 경험과 지식이 생겨납니다. 적어도 저에게는 그곳에서의 그 시간이 너무나 소중한 인생이었습니다. 놀이터에서 같이 뛰어놀던 친구들이 저녁이 되면 집으로 다 돌아가듯, 우리 곁에 영원히 있을 것 같았던 동료들은 영원하지 않습니다. 선배들은 이미 떠나갔고 언젠가 후배들도 떠나갑니다. 그러나 소중한 동료가 있어서 그 긴 시간을 버텨냈고 아름다운 추억이 남았습니다.

집으로 돌아와서 같이 일했던 많은 분들을 향한 퇴직 인사의 글을 썼습니다. 내 인생의 절반이 넘는 시간을 보낸 회사를 떠나는 마지막 인사를 쓰려니 손이 떨렸습니다. 오랜 시간 함께해서 감사하다고, 그리고 이제 바통을 물려받은 후배들에게 큰 기대와 희망이 보인다고… 그리고 생각했습니다. '지금의 시간은 영원하지 않지만 그래서 찬란하고 아름다울 수 있다'고.

모든 것은 때가 있다. 하루하루 최선을 다하며 살아야 한다. 일도 사람도 영원하지 않는 만큼 오늘을, 지금을 충실히 살아야 한다.

38

한쪽 문이 닫히면
다른 쪽 문이 열린다

1996년 1월, 서태지는 모든 팬들의 마음에 울림을 주면서 연예계를 떠났습니다. 그는 더 이상 창작할 수 없을 정도로 창작의 고통이 커서 은퇴를 선언합니다. '문화 대통령'이던 그는 가장 팬들이 열광할 때 떠났습니다. 저는 대중가요에 새로운 바람을 몰고 온 '서태지와 아이들'을 좋아했습니다. 새로운 장르를 개척해버린 서태지만의 음악 스타일, 자유분방함 속에서도 세련됨이 있는 그들의 노래와 패션은 시대의 이단아적인 매력이 있었기 때문입니다. 그러던 서태지가 어느 날 은퇴를 한다고 하니 너무도 아쉬웠습니다. '역시 혁신적인 창작은 오래 할 수가 없는 모양인가 봐' 하는 생각이 들면서 창작의 고통을 얘기하는 그들에게 진심을 느꼈습니다. 그리고 가장 화려할 때 떠나는 마지막 모습까지도 너무나 멋지게 보였습니다.

모든 사람이 살면서 한 번쯤 퇴직을 하게 됩니다. 회사의 오너가 아닌 이상 5년을 다니든 10년을 다니든 30년을 다니든 퇴직의 시점은 다가오기 마련입니다. 직장인이 꿈꾸는 가장 멋있는 퇴직은 무엇일까요? 직장인은 언제 어떻게 퇴직해야 할까요?

제가 생각하는 가장 멋진 퇴직은 '박수 칠 때 떠나는' 것입니다. 지위가 조금은 아쉽고, 급여가 아쉽고, 일이 아쉽고, 동료가 아쉽습니다. 그러나 가장 멋진 퇴직은 모든 동료들이 박수칠 때 멋지게 뒤돌아서는 것이 아닌가 생각합니다. 저 역시도 퇴직을 한다면 서태지처럼 업무의 완성도나 능력이 정점에 있을 때 떠나고 싶었습니다. 제일제당에서 28년이라는 긴 세월을 보냈지만 일하는 동안에도 퇴사의 시점이나 모습에 대해서는 늘 고민이 있었습니다. '과장이 되면서 회사를 나가야 할까, 아니, 부장은 달아야지. 부장은 좀 아쉬운 걸. 임원을 한번 해봐야지.' 하면서 늘 퇴직에 대해 생각하면서 다녔습니다.

모든 직장인처럼 저도 가끔은 확 그만둬야지, 했던 기억이 있습니다. 가슴에 사직서를 품고 다니는 드라마 주인공처럼 직장인이면 누구나 그런 결심의 시간들이 있기 때문입니다. 다행히

도 저는 비교적 일이 적성에 잘 맞고 재미가 있었습니다. 마케팅 조직의 특성상 3년이 지나면 담당 제품을 바꿔주기도 해서 원하는 제품을 많이 경험했습니다. 퇴사를 생각해보기가 무섭게 늘 새로운 업무 기회가 주어졌습니다. 맡은 제품이 바뀌고 조직의 상사나 구성원이 바뀌면 새로운 환경에 적응하느라 시간이 가고, 전략을 짜고 실행하다 보면 이삼 년이 후딱 지나갔습니다.

그러다가 임원이 되고 나서는 저의 선택보다 회사에서 제가 잘한다고 판단한 일을 하게 됩니다. '저는 이 일을 하고 싶어요!' '이 일을 잘할 수 있습니다'라고 외치기보다는 경영진의 입장에서 '아 누구 님은 이것을 잘할 수 있어요. 조직 관리를 잘 하시니 이러한 조직을 맡아주세요. 마케팅에 전문성이 있으니 이러한 제품을 좀 더 담당해주세요. 광고보다는 상품 개발에 집중해주세요.' 등 조직적 관점에서 판단하고 업무를 주게 됩니다. 임원으로서 회사와 운명을 같이하면서 회사의 큰 방향에 맞춰서 경영하고 주어진 역할에 충실히 일하게 되는 것입니다.

직급이 낮을 때는 실수를 해도 봐주는 선배가 있고 가끔씩 사고를 쳐도 막아주는 팀장님이 있습니다. 그러나 진급을 하고 임원의 위치에 도달하면 스스로 책임지고 업무를 기획해나가면서 구성원들을 적재적소에 배치하고 일을 스스로 만들어가야 합니다. 퇴직의 시점도 본인 스스로가 결정하기는 쉽지 않은 단계가 됩니다.

　퇴직은 언제 해야 가장 멋있을까요? 자신이 할 수 있는 직무에서 최선을 다하고 남들이 뭐라 해도 내 스스로 가장 눈부신 성과를 만들었을 때, 그리고 이제는 후배들이 좀 더 새로운 관점을 가지고 내 자리에서 일을 시작해주기를 바랄 때, 저는 그때가 퇴직의 시점이라고 생각합니다. 정점을 찍고 최고의 성과를 만든 후에는 스스로도 매너리즘에 빠지고, 전과 같은 방식으로 일을 할 가능성이 높기 때문입니다. 조직은 유기체와 같아서 새롭게 생성되고 보다 새로운 관점을 통해서 진화해야 변화하는 환경 속에서 살아남습니다.

　많은 동료들이 나를 그리워할 때, 나의 부재가 타인들의 아쉬움이 될 때, 그때가 모든 이들이 박수 칠 때가 아닐까요? 서태지의 퇴장처럼 박수를 받을 때 떠날 수 있는 분들은 행복한 것입니다. 미련 없이 돌아선다면 더더욱 멋있겠지요. 저는 다행히 동료들이 저를 그리워하고 저의 역할이 최정점을 찍었을 때 퇴직한 것 같습니다. 아직은 열정의 불씨가 남아 있는 시점에서, 인생의 2막을 새롭게 시작해야겠다는 생각이 들 때 퇴직을 할 수 있었습니다.

　퇴직 후 저는 글을 쓰고 있습니다. 오랜 직장생활의 경험과 노하우를 하나둘 정리하고 있습니다. 한쪽 문이 닫히면 다른 쪽 문이 열립니다. 새로운 시도에 설레기도 하고 기대감도 생깁니다. 한 번도 가보지 않은 수많은 길들이 두렵기도 하지만 무한한 자유로움을 선사하고 있습니다. 저는 이제, 두근거리는 마음으로 2막을 시작하고 있습니다. 제가 할 수 있는 새로운 길이 열리는 것입니다. 끝날 때까지 끝난 게 아닙니다.

모든 일에는 시작과 끝이 있다. 마지막 순간까지 최선을 다하고 돌아서면 그곳에는 또 다른 세상이 있다. 한쪽 문이 닫히면 다른 쪽 문이 열린다.

에필로그

파이어족. 디지털 노마드. 퇴사와 이직. 이런 단어들이 난무하는 시대입니다.

조직에서 한 우물을 파기보다 스스로 독립적으로 일을 하는 시대, 선배에게 일을 배우기보다 인터넷을 통해서 지식을 찾고 일하는 시대가 오고 있습니다. 저는 90년대 신입사원으로 직장에 들어가서 세기가 변하는 것을 지켜 봤으며, 2002 월드컵을 사무실에서 직원들과 함께 응원했습니다. 격동의 2010년을 지나 최근까지 한 회사에서 같은 직종의 일을 하며 살아왔습니다. 때로는 이 길이 맞는 길인가 후회한 적도 있고, 흔들리던 시기도 있었습니다. 그러나 식품 마케터라는 하나의 직종을 선택하고 28년간 그것에만 몰입하며 살았습니다. 그 일이 최선이라 믿었고 그 삶에 충실했습니다. 이 일을 지속하기 위한 신념을 갖기 위해 노력했습니다.

산길을 걷다 보면 길이 여러 갈래로 갈라지는 때가 나옵니다. 하나의 길을 선택해서 걸어가지만 때로는 가지 않은 다른 길이 궁금하기도 하고, 지금까지 잘못된 길로 온 것은 아닌가 후회를 하기도 합니다. 늘 앞으로 나아가야 한다는 생각, 남들보다 빠르게 정상을 정복해야 한다는 강박 속에서 지름길을 찾아 헤매다가 지치기도 합니다. 자신이 걷고 있는 이 길이 남들이 가지 않는 길은 아닌가, 나 혼자 헤매는 것은 아닌가 하고 조바심을 내며 걸어갑니다. 그러나 우리는 산길 속에서 얼마나 많은 공기를 마시고, 내리쬐는 햇볕의 온기를 느꼈는지… 얼마나 많은 나무를 보고 새소리를 들었는지는 잘 기억하지 못합니다.

저 역시도 오랫동안 직장이라는 달리는 기차에 몸을 실었습니다. 창밖으로 수많은 풍경들이 지나갔고, 많은 사람들이 타기도 하고 내리기도 했습니다. 자신이 가려는 방향이 달라서, 기차의 속도에 맞추지 못해서 중간에 내리는 사람들도 많았습니다. 오랜 시간 동안 저와 같은 기차를 탔던 동료들은 회사에서 함께 보낸 많은 시간들로 소중한 인연이 되었습니다. 그러나 기차에서 내리기 전에는 그 시간이 얼마나 소중했고 많은 것을 배운 곳인지 알지 못했습니다. 저는 달리는 기차의 마케터라는 칸에 타서 수많은 식품들을 개발하고 세상에 남겼으며 대한민국의 식탁을 바꿨습니다. 그리고 평생의 좋은 친구들을 얻었습니다. 그것은 나이가 들수록 값진 것이며 그 무엇과도 바꿀 수 없는 것입니다.

직장이라는 기차에서 내리기 전에 달리던 기차가 속도를 천천히 늦추자 서서히 철길이 보이고 줄을 서 있는 많은 사람들이 보였습니다. 그동안은 속도감 때문에 아무것도 보지 못했던 저에게 조금씩 풍경과 사람들이 다가오는 것 같았습니다. 이제는 사람들의 얼굴 표정도 하나둘 보이고 저를 향한 미소도 편안하게 나눌 수 있습니다. 이제 저는 기차에서 내려 조금 천천히 걷고 있습니다. 지금 걷는 이 길은 기차에서 막 내린 저에게 맑은 공기를 선물해주었고 크게 심호흡을 한 번 하는 여유를 주고 있습니다.

조금은 천천히 그러나 새로운 길을 걷기 위해 저는 운동화도 바꿔 신고 걸어갑니다. 다른 길을 가는 저에게는 오랜 세월 동안 쌓아놓은 마케터로서의 도구들이 있습니다. 그리고 수많은 사람들과 만들어간 재미난 이야깃거리가 있습니다.

하나의 길을 꾸준히 걸어가는 많은 직장인들은 바람이 불 때마다 흔들릴 수 있습니다. 때로는 뿌리가 뽑힐 것 같은 두려움도 겪습니다. 그러나 그것은 자기도 모르게 스스로의 삶의 자양분이 되고 새로운 자신을 만드는 것임을 잊지 말기 바랍니다. 나도 모르게 그것들은 자신의 몸 안에 축적되고 있으며 하루라는 시간을 온전히 같이한 동료들과는 선물 같은 인연이 맺어지는 것입니다.

글을 퇴고하는 늦은 밤, 후배의 작은 바람으로 에필로그를 쓰고 있습니다. 이 긴 28년 여정을 지나 앞으로 선배의 미래가 궁금하다는 후배는 제가 생각지도 못했던 에필로그를 꼭 써달라고 했습니다. 후배의 입장에서는 지금 선배의 모습이 자신의 미래일 수도 있다는 생각에 희망과 호기심 어린 눈으로 저를 지켜보고 있기 때문일 것입니다.

지금부터 시작되는 저의 미래는 언젠가 또 다른 기록이 될지도 모릅니다. 차가운 공기를 맞으며 걷는 지금은 자유롭고 설렙니다. 이제는 함께 했던 많은 사람들과 새로운 꿈을 꾸며, 오랜 시간 동안 배운 지식과 경험, 그것으로 확장된 마케터로서의 시각을 가지고 또 다른 삶을 만들어 갈 것입니다.

오늘도 이른 아침에 일어나 치열하게 하루를 살아가는 직장인들에게 '여러분은 위대하다고, 하루를 살아내느라 수고하셨다'고 말하고 싶습니다. 하나의 길을 꾸준히 가면서도 의심하며 흔들리고 있는 후배들에게는 '여러분의 길은 틀리지 않다고, 스스로를 믿고 뚜벅뚜벅 걸어가라'고 말하고 싶습니다. 길을 가다가 강한 바람에 가끔은 넘어지기도 하겠지만 분명 그 길에는 누군가 손 잡아주는 사람들이 있다는 것을 기억하라고 말해주고 싶습니다.

무소의 뿔처럼 혼자서 가시기 바랍니다. 두려워 말고 걸어가기를…. 그 길이 맞습니다.

KI신서 10275

마케터로 사는 법

1판 1쇄 인쇄 2022년 6월 10일
1판 1쇄 발행 2022년 6월 17일

지은이 이주은
펴낸이 김영곤
펴낸곳 (주)북이십일 21세기북스

TF팀 이사 신승철
TF팀 이종배
출판마케팅영업본부장 민안기
마케팅1팀 배상현 한경화 김신우 이보라
출판영업팀 이광호 최명열
제작팀 이영민 권경민
진행·디자인 다함미디어 | 함성주 유승동 유예지

출판등록 2000년 5월 6일 제406-2003-061호
주소 (10881) 경기도 파주시 회동길 201(문발동)
대표전화 031-955-2100 **팩스** 031-955-2151 **이메일** book21@book21.co.kr

© 이주은, 2022
ISBN 978-89-509-0284-1 03320

(주)북이십일 경계를 허무는 콘텐츠 리더

21세기북스 채널에서 도서 정보와 다양한 영상자료, 이벤트를 만나세요!
페이스북 facebook.com/jiinpill21 포스트 post.naver.com/21c_editors
인스타그램 instagram.com/jiinpill21 홈페이지 www.book21.com
유튜브 youtube.com/book21pub